DAS SÜNDENBOCKKIND

DIE ROLLE DES SCAPEGOATS IN KRANKEN FAMILIEN

INKE JOCHIMS

2. Auflage 2025

© 2025 by Inke Jochims

Webseite: www.Jochims-buecher.de

Satz: Inke Jochims mit Atticus,

Verlag: BoD · Books on Demand GmbH, In de Tarpen 42,

22848 Norderstedt, bod@bod.de

Druck: Libri Plureos GmbH, Friedensallee 273, 22763 Hamburg

ISBN: 978-3-7583-4013-0

BILDNACHWEIS

Alle Fotos sind von der Webseite www.pixabay.com. Die jeweiligen Autoren haben Sie kostenfrei zur kommerziellen Nutzung freigegeben. Wir bedanken uns herzlich! Die Folien wurden ohne Ausnahme von Inke Jochims erstellt.

DISCLAIMER

In diesem Buch werden psychologische Ratschläge gegeben. Alle Ideen, Konzepte und Verfahren wurden sorgfältig geprüft. Dennoch weisen wir ausdrücklich darauf hin, dass dieses Buch keine medizinische oder psychologische Therapie ersetzt und dies auch nicht beabsichtigt. Die Umsetzung der Ideen aus diesem Buch erfolgt auf eigene Verantwortung.

INHALTSVERZEICHNIS

1. Die Rolle des Sündenbocks   1

2. Psychisch kranke Familien   20

3. Die Eigenschaften des Sündenbocks   42

4. Bin ich der Sündenbock? Anzeichen!   53

5. Die Identität des Sündenbocks   76

6. Die Beziehung zu den Geschwistern   119

7. Die Heilung des Sündenbocks   132

8. Quellenverzeichnis   144

Die Dynamik des Sündenbocks ist eine uralte Methode, um die eigene Unzulänglichkeit zu verschleiern.

Carl Gustav Jung

• • ● ● • ● ● • • •

Manche Menschen brauchen einen Sündenbock, um nicht in den Spiegel schauen zu müssen.

Sigmund Freud

• • ● ● • ● ● • • •

Wenn die Schuld zu schwer wird, sucht man sich jemanden, der sie trägt – einen Sündenbock.

Hannah Arendt

• • ● ● • ● ● • • •

DIE ROLLE DES SÜNDENBOCKS

W as ist ein Sündenbock? Der Begriff "Sündenbock" bezeichnet eine Person, der die Verantwortung für die Verfehlungen, Fehler oder Missgeschicke einer anderen Person oder einer Gemeinschaft zugeschrieben wird, unabhängig davon, ob die beschuldigte Person tatsächlich schuldig ist oder ob auch andere Personen (ganz oder teilweise) verantwortlich sind.

Wenn man nach "Sündenbock" oder "Scapegoat" googelt, erhält man etwa 8,5 Millionen Antworten. Die Sündenbock-Dynamik ist eine der häufigsten Dynamiken in dysfunktionalen Familien.

• • • ● • ● • • •

Kranke Familien - das ist das Thema dieses Buches - brauchen einen Sündenbock. Sie brauchen diesen Sündenbock, um als Familie stabil zu bleiben. Sie brauchen den Sündenbock, so wie der Diktator eines Landes immer den inhaftierten Gegner braucht, um Diktator bleiben zu können. Die Drohung, was passieren könnte, wird in den Spuren der Gefolterten für alle Untergebenen sichtbar und bringt den Rest des Landes zum Schweigen.

Der Diktator wird nicht mehr attackiert. Er bleibt Diktator.

· · · ● · ● ● · · ·

In einer menschlichen sozialen Gruppe wie der Familie gibt es Rollen, die Menschen einnehmen. In einer dysfunktionalen sozialen Gruppe - eine dysfunktionale Familie ist eine dysfunktionale soziale Gruppe - wird das stärkste Familienmitglied zur Zielscheibe. Es übernimmt die Rolle des Sündenbocks. Er wird zum Sündenbock, zum inhaftierten "Gegner".

Nun, was ich mit "am stärksten" meine, ist, dass jede soziale Gruppe Muster der Dysfunktionalität erzeugt. Und das stärkste Mitglied ist dasjenige, das sich diesen Mustern der Dysfunktionalität widersetzt. Es ist derjenige, der sich nicht oder nicht in dem gewünschten Maße in diese Muster hineinziehen lässt.

· · · ● · ● ● · · ·

2

Dieses stärkste Mitglied der Gruppe wird als das vermeintliche Problem der Gruppe oder der Familie definiert. Nachdem es als Ursache der Probleme der sozialen Gruppe beschrieben wurde, wird es zur Zielscheibe.

Das gesamte emotionale und mentale Unbehagen, das die Gruppe als Ganzes erlebt, wird auf diese Person umgeleitet und projiziert. Die Gruppe erwartet von dieser Person, dass sie ihre Ablehnung und Toxizität klaglos erträgt, damit die anderen Gruppenmitglieder an ihrer Narration festhalten können und sich nicht selbst mit ihren unangenehmen Gefühlen auseinandersetzen müssen.

Darüber hinaus sichert die Ächtung des Sündenbocks die Stabilität des Systems und sorgt dafür, dass eventuell notwendige Reformen oder Veränderungen nicht durchgeführt werden.

· · · ● · ● · ● · ● · ·

In diesem Buch werde ich die Dynamik der Sündenbockrolle darstellen. Warum und wie wird ein Mitglied einer kranken Familie ausgewählt, eine so destruktive Rolle zu spielen, dass diese Familienmitglieder für ihr Leben geschädigt werden und sehr oft in einer der folgenden vier Institutionen enden: Das offene Grab, die Entzugsklinik, die Psychiatrie oder das Gefängnis?

· · · ● · ● · ● · ● · ·

Und wieso spielt der Sündenbock mit? Auch nach seinem Ausscheiden aus dem System?

Nicht alle Sündenböcke spielen lebenslänglich mit und enden dann in einer der vier genannten Institutionen. Es gibt auch ehemalige Sündenböcke, die in keiner der vier Institutionen enden. Und dann werden sie oft große Wahrheitssucher, Wissenschaftler, Literaten, weltberühmte Therapeuten (wie Terry Real, der sich selbst als Sündenbockkind sieht) oder leider auch Menschen, die unschuldig in ein Straflager gesteckt werden, weil sie die Korruption eines Staates angeprangert haben.

Denn der Sündenbock einer Familie, einer Organisation, einer Gemeinschaft, eines Staates hat sehr oft eine besondere Fähigkeit: Er oder sie sieht die Dysfunktionalität des Systems. Er ist süchtig nach der Wahrheit, weil sie ihn retten würde. Und deshalb wird er zur Gefahr für die Stabilität des kranken Systems – worauf das System mit offener oder subtiler Gewalt reagiert.

• • • ● • ● • • •

Der Kern der Sündenbockdynamik ist also folgender: Der Sündenbock ist von Kindheit an derjenige, der die Wahrheit eines kranken Systems erkennt und möglicherweise ausspricht. Das Sündenbockkind lebt außerhalb der Realitätsblase einer kranken Familie oder eines kranken Elternteils und muss deshalb von dieser Familie und/oder diesem Elternteil um jeden Preis kontrolliert und zum Schweigen gebracht werden.

• • • ● • ● • • •

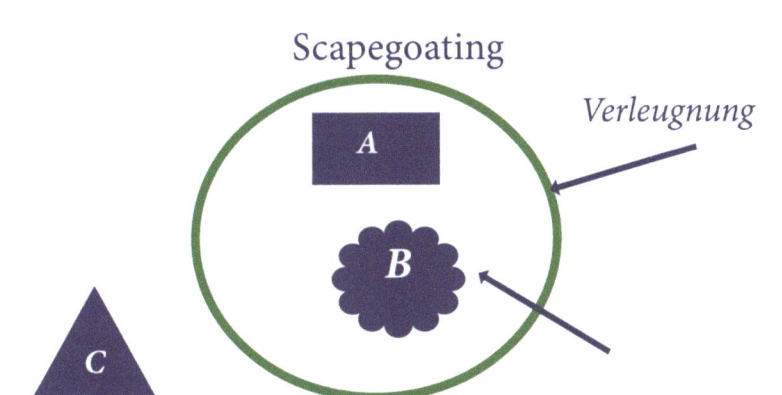

Abbildung 1: Sündenbockrolle und Realitätsverlust.

• • • ● • ● • • •

Warum ein Sündenbock?

Die Funktion des Sündenbocks ist es, eine gefährdete Beziehung zusammenzuhalten.

Einen Sündenbock gibt es in Beziehungen, die nicht mehr funktionieren, in denen es ernsthafte Probleme gibt. Ohne den Sündenbock könnte die Beziehung zerbrechen. Der Sündenbock hat die Funktion, die Beziehung zusammenzuhalten - ob er will oder nicht.

Dies gilt für Ehen, in denen ein Kind die Rolle des Sündenbocks übernehmen muss, um eine auseinanderdriftende Ehe zusammenzuhalten. Es gilt auch für Paarbeziehungen. Ebenso wie für politische Beziehungen.

Der Kern der Sündenbock-Dynamik ist: Es gibt eine Beziehung, zwischen zwei Eheleuten, einem Paar, Freunden, Bekannten, Gemeinschaften, Ländern, und diese Beziehung ist in Gefahr. Aus inneren Gründen.

In dieser Situation wird ein gemeinsamer "Feind" gewählt, der die Funktion hat, die Beziehung zusammenzuhalten, ohne dass sich die Partner der ursprünglichen Beziehung mit sich selbst und den faktischen Problemen innerhalb ihrer Beziehung auseinandersetzen müssen.

Angst vor dem Verlust einer Beziehung

Der Mensch ist eine beziehungsabhängige Spezies, wir brauchen Beziehungen, um zu überleben.

In einer Beziehung sind Überlebensinstinkt und Selbstwertgefühl oft eng miteinander verbunden. Ein Beispiel macht dies deutlich: Würde ein Baby allein im Freien liegen, wäre es völlig hilflos, da sein Überleben und seine Bedürfnisse vollständig von anderen abhängen.

Auch im Erwachsenenalter, wenn Menschen unabhängiger werden und besser für sich selbst sorgen können, bleibt eine gewisse Abhängigkeit von anderen bestehen. Bindung ist kein Luxus, sondern eine biologische Notwendigkeit.

Der Überlebensinstinkt ist daher eng mit dem Bindungssystem verknüpft. Wenn das Selbstwertgefühl und der Überlebensinstinkt eng mit einer Beziehung verbunden sind, entsteht eine tiefe Bindung an diese andere Person.

Gerade weil Beziehungen so wichtig sind, neigen die meisten Menschen dazu, ihren Selbstwert über Beziehungen zu definieren.

Wir fühlen uns als Individuum gut, wenn wir uns in einer Beziehung gut fühlen. Dies kann bis hin zur Co-Abhängigkeit gehen, bei der der Selbstwert ausschließlich über das Wohlwollen des anderen definiert wird, man also völlig von dessen Wohlwollen abhängig ist.

· · · · ● · ● · · ·

Um die richtige Balance zu beschreiben, wird in der Psychologie zunehmend das Konzept der "Interdependenz" verwendet. Dieses Konzept besagt, dass wir einerseits uns selbst als Individuum brauchen und nicht völlig von anderen abhängig sein dürfen, dass wir aber andererseits erkennen müssen, dass ein gesundes Leben von gesunden Beziehungen abhängt, und zwar ein Leben lang, nicht nur in der Kindheit.

Wir müssen ein Gleichgewicht zwischen der Konzentration auf uns selbst und der Konzentration auf andere finden.

· · · ● · ● · · · ·

Ein Beispiel dafür ist das Fremdgehen. Wenn jemand betrogen wird, entsteht oft ein Minderwertigkeitsgefühl gegenüber der Person, die betrogen hat.

Das Ego ist eng mit dem Selbstbild und dem Gefühl des sicheren Überlebens verbunden. Das Ego ist also in Beziehungen voll involviert. Der Nachteil dieser Verbindung des Egos mit dem Überlebensinstinkt ist, dass jedes Problem in der Beziehung als möglicherweise große Bedrohung für das Ego wahrgenommen wird.

Beziehungsprobleme können daher immense Ängste und Stress auslösen. Die Suche nach einem Sündenbock hilft, die Angst zu lindern und den Stress zu bewältigen. Der Sündenbock hat eine Schutzfunktion für die ursprünglichen Beziehungspartner, die sich möglicherweise nicht der Angst stellen können, die ausgelöst würde, wenn man sich mit den tatsächlichen Beziehungsproblemen in der Beziehung auseinandersetzen müsste.

· · · ● · ● · ● · ·

Wenn in einer Beziehung ein Problem auftritt, ist dies eine wichtige Gelegenheit für das Ego, sich zu entwickeln und bewusster zu werden. Es ist auch eine Chance für persönliches Wachstum, mehr Klarheit über die eigenen Wünsche zu gewinnen und möglicherweise eine stärkere und erfüllendere Beziehung aufzubauen, sei es mit der aktuellen Person oder mit jemand anderem.

Oft wird dies jedoch nicht so empfunden, insbesondere wenn Ängste und Unsicherheiten aus der Kindheit in die Partnerschaft mitgebracht werden.

In der Realität wird ein Beziehungsproblem selten als Chance gesehen, zu wachsen oder eine engere Bindung aufzubauen.

Würden solche Probleme tatsächlich als Wachstumschancen wahrgenommen, hätte dies erhebliche Auswirkungen auf den Umgang mit ihnen. Man würde offener und konstruktiver mit Beziehungsproblemen umgehen, sie direkt ansprechen und nach Lösungen suchen.

Viele Menschen erleben Beziehungsprobleme als Bedrohung - als Bedrohung für ihr Ego, ihre Bedürfnisse, ihr Sicherheitsgefühl und ihren Selbstwert. Deshalb vermeiden es viele, sich den Problemen wirklich zu stellen. Stattdessen wenden sie Strategien wie Verdrängung,

Verleugnung, Projektion, Ablenkung oder Unterdrückung an, um diesen Herausforderungen aus dem Weg zu gehen.

• • • • ● • ● • • •

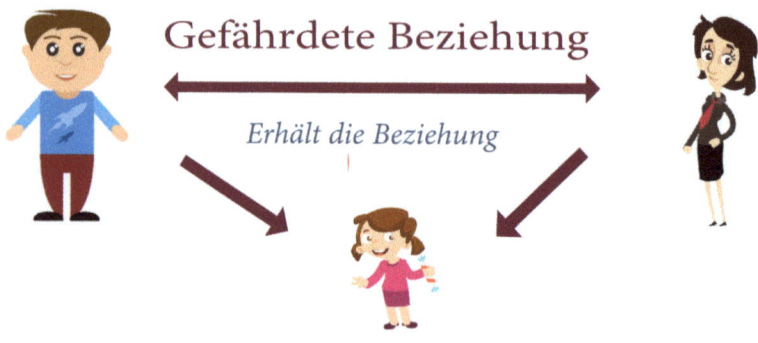

Scapegoat/Sündenbock

Abbildung 2: Sündenbock-Dynamik. Zwei Menschen fühlen sich einander näher, weil sie einen gemeinsamen "Feind" haben.

• • • • ● • ● • • •

Viele Menschen brauchen einen Sündenbock, um das Gefühl zu haben, dass ihre Beziehung funktioniert, und fixieren sich auf ein Scheinproblem, um den eigentlichen, bedrohlicheren Konflikt zu vermeiden.

Diese Dynamik lässt sich auf verschiedene Lebensbereiche anwenden, nicht nur auf Beziehungen. Man kann buchstäblich alles zum Sündenbock machen, um vorzutäuschen, dass die Beziehung funktioniert. Andere Menschen, Tiere, die Wohnung, die Arbeit, das Land, die Politik. Am häufigsten sind es andere Menschen, in Ehen, wie gesagt, sehr oft ein Kind.

Der gemeinsame Faktor ist, dass alles, was in diese Rolle gedrängt wird, nur eine Ablenkung darstellt. Diese Vermeidungsstrategie hat kurzfristige Vorteile und hilft, schmerzhafte Wahrheiten zu vermeiden.

Langfristig ist die Sündenbock-Strategie verhängnisvoll. Nicht nur für den Sündenbock selbst, sondern auch für die Partner in der Beziehung, die den Sündenbock als stabilisierendes Element brauchen.

• • • • ● • ● • • • ·

Dysfunktionale Familien können in ihrem Verhalten Ähnlichkeiten mit Sekten aufweisen. Sie haben oft nicht die Absicht, ihr Verhalten zu ändern und suchen stattdessen einen Sündenbock, um ihren eigenen Schmerz zu kompensieren. Für das betroffene Kind kann dies zu einem Teufelskreis führen: Es versucht, akzeptiert zu werden und zu zeigen, dass es kein schlechter Mensch ist und nichts Böses im Schilde führt.

Diese Bemühungen stoßen aber oft auf taube Ohren. Das Böse wird gebraucht. Der Sündenbock wird gebraucht. Niemand hat die Absicht, eine Lösung zu finden. Eine Lösung zu finden, würde bedeuten, die gefährdete Beziehung erneut in Gefahr zu bringen, und das ist die Mauer, gegen die das Sündenbockkind immer wieder anrennt.

Würde die Familie ihr Verhalten ändern wollen, müsste sie sich unangenehmen Wahrheiten stellen.

• • • ● • ● • • •

Die Sündenbockmetapher

Die Metapher des "Sündenbocks" stammt aus dem Alten Testament. Ursprünglich war der "Sündenbock" eine Ziege oder ein Ziegenbock. Der Sündenbock war ein Opfertier.

Der Begriff "Sündenbock" (engl. "scapegoat") findet sich im Alten Testament im Buch "Levitikus", Kapitel 16, in der Beschreibung des jüdischen Versöhnungstages "Jom Kippur".

Das "Buch Levitikus" ist das dritte Buch der Tora (die ersten fünf Bücher der Bibel), im Christentum auch "Pentateuch"[1] genannt.

Im Mittelpunkt des Buches Levitikus stehen religiöse Rituale, Gesetze und Vorschriften, insbesondere für die Priesterschaft der Leviten, von denen das Buch auch seinen Namen hat. Die Leviten waren der Stamm Israels, der mit den priesterlichen Aufgaben im Tempel betraut war. Es handelt sich um eine Sammlung von Weisungen, die Mose auf dem Berg Sinai von Gott erhielt, um das Volk

Israel zu heiligen und auf ein gerechtes Leben nach Gottes Geboten vorzubereiten.

$$\cdot \ \cdot \ \cdot \ \bullet \ \cdot \ \bullet \ \cdot \ \cdot \ \cdot$$

In **Levitikus 16:6-10** wird erklärt, dass zwei Ziegenböcke ausgewählt werden sollen. Einer wird als Opfer für den Herrn dargebracht, und der andere wird als "Azazel"-Bock (Sündenbock) ausgewählt. Der Hohepriester legt symbolisch die Sünden des Volkes Israel auf den Kopf des Sündenbocks, der dann in die Wüste geschickt wird, um die Sünden des Volkes mit sich fortzutragen.

Hier sind die zentralen Verse:

- **Levitikus 16:8**: "Dann soll Aaron Lose über die beiden Böcke werfen: Ein Los für den Herrn und ein Los für Azazel."

- **Levitikus 16:10**: "Aber der Bock, auf den das Los für Azazel fällt, soll lebendig vor den Herrn gestellt werden, um über ihn Sühne zu erwirken und ihn zu Azazel in die Wüste zu schicken."

$$\cdot \ \cdot \ \cdot \ \bullet \ \cdot \ \bullet \ \cdot \ \cdot \ \cdot$$

Der Sündenbock trägt symbolisch die Sünden des Volkes und wird in die Wüste (also ins Verderben) geschickt, um die Reinigung und Vergebung der Sünden zu vollziehen. Mit dem Tod des Tieres, das symbolisch die Sünde trägt, stirbt auch die Sünde, die auf dem Tier lastet - eine Form magischen, also kindlichen Denkens.

Man sieht schon, die Gottesvorstellung, die hier praktiziert wird, ist nicht die der Hochreligion. Es ist eine manipulative Gottesvorstellung. Indem man etwas opfert, hat man Gott in der Hand - eine Gottesvorstellung, die Jesus im Neuen Testament radikal bekämpft.

Die Idee des Sündenbocks beruht also auf einem primitiven Aberglauben. Wenn ich Gott etwas gebe, wird er mir wohlgefällig sein – ich kann mir also seine "Liebe" erkaufen. Wenn ich ihm einen Sündenbock gebe, dann wird er mir meine Sünden verzeihen, was psychologisch eine Entlastung von Schuldgefühlen darstellt.

> Das Aufkommen primitiver Religionen, das mit dem Begraben der Toten einsetzte, stellt einen Fortschritt in der geistigen Evolution dar, den Beginn eines höheren Bewusstseinszustandes, in dem intentionales Handeln an die Stelle des rein instinkthaften Handelns trat. Doch blieb hier das individuelle Handeln noch von den Bedürfnissen des Überlebenstriebes beherrscht.[2]

Die Idee des Sündenbocks stammt also nicht aus der Hochreligion, die mit der Entstehung des individuellen Gewissens einherging, sondern aus den primitiven, kindlichen, dem Überlebensinstinkt verpflichteten Elementen der Religion, die noch die Vorstellung eines Handels mit Gott hatte - ich gebe Dir etwas, Du gibst mir etwas.

Die Idee des Sündenbocks ist im Grunde die erste menschliche Weiterentwicklung der Idee des Menschenopfers. Im Alten Testament werden Menschenopfer scharf verurteilt. Ein Beispiel ist die verhinderte Opferung Isaaks durch Abraham im Buch Genesis.

· · · · ● · ● · · ·

Aber der noch primitive Glaube forderte das Opfer. Ohne Opfer kein Tausch, ohne Tausch keine Erlösung. So wurde aus dem Menschenopfer ein Tieropfer.

Das unbewusste Ziel ist hier tatsächlich die Katharsis. Das gilt sowohl für die reale Opferung eines realen Tieres als auch für die psychologische Opferung eines Familienmitglieds.

Der Sündenbock ist die Person, die ausgewählt wird, um zu leiden, damit die anderen Familienmitglieder nicht leiden müssen. In der Familie ist die Person, die zum Sündenbock gemacht wird, nicht wirklich schuldig, genauso wenig wie die Ziege im alttestamentlichen Opferszenario für die Sünden der Menschen verantwortlich ist.

· · · · ● · ● · · ·

Der Zweck des Ziegenbockopfers besteht darin, die Sünden der Gemeinschaft auf sich zu laden. Der Bock wird mit dieser Last weggeschickt, damit die Menschen die Last ihrer Sünden nicht selbst tragen müssen. Er nimmt die Sünden symbolisch auf sich. Und die Beziehungen innerhalb der Gemeinschaft bleiben für ein weiteres Jahr stabil.

In einer dysfunktionalen Familie wird jemand zum Sündenbock gemacht, weil die anderen Familienmitglieder jemanden brauchen, auf den sie ihre Probleme abwälzen können, anstatt selbst Verantwortung zu übernehmen.

• • • ● • ● • • •

Familie und Sündenbockkind

Ein Beispiel. Eine Mutter will eigentlich keine Kinder, aber die Gesellschaft hat ihr eingeredet, dass dies die einzig akzeptable Rolle für sie ist. Und tatsächlich ist es der einzige Weg, den sie sieht, für sich selbst "Liebe" und vor allem Sicherheit und Fürsorge auf Dauer zu garantieren. Also bekommt sie ein Kind.

Dieses Kind wird seine eigenen Bedürfnisse haben, seine eigenen Wünsche, seine eigenen Gedanken, es wird sein eigenes einzigartiges Wesen sein. Wenn es aber von einer Mutter geboren wird, die eigentlich gar kein Kind will, eine Mutter, die zum Beispiel nur Bestätigung will, dann wird das nicht gut gehen.

Wenn diese Mutter herumlaufen und sich um die Gedanken, Bedürfnisse und Wünsche des Kindes kümmern muss, wird das ihre ungelösten Probleme mit dem Wunsch, das zu tun, was sie im Leben tun möchte, an die Oberfläche bringen. Auch die sehr reale Tatsache, dass die Gesellschaft sie genau in die entgegengesetzte Richtung zu ihren wirklichen Wünschen geführt hat, wird ans Licht kommen.

Anstatt sich der Tatsache zu stellen, dass sie nie Mutter werden wollte, anstatt sich der Tatsache zu stellen, dass sie das tun will, was sie tun will, macht sie das Kind zum Thema. Du bist so egoistisch, wird sie sagen, wenn das Kind um etwas bittet.

Sie wird ständig wütend sein, sie wird sagen, dass ihr Leben zu Ende war, als sie das Kind bekam. Sie hat das Kind zu ihrem Problem gemacht und sozusagen ihre eigenen Sünden auf das Kind projiziert, um der Unannehmlichkeit zu entgehen, zu akzeptieren, dass sie kein Kind will, dass sie tun will, was sie will, und nicht ihr Leben der Fürsorge eines anderen Menschen widmen will.

Das Kind wird zum Sündenbock.

• • • ● • ● • • •

Natürlich ist es für einen Sündenbock in jeder sozialen Gruppe schwierig, wirklich zu verstehen, dass er nicht schuldig ist. Aber warum ist das so schwierig zu verstehen? Weil es keinen Sinn macht, ihn so zu behandeln, wenn er unschuldig ist. Was der Sündenbock mit dieser extremen Verwirrung macht, in der er sein ganzes Leben lang gefangen ist, er versucht herauszufinden, was er getan hat.

Er versucht herauszufinden, was so schlimm war, dass er diese Behandlung verdient hat. Von nun an ist er auf einer lebenslangen Mission, herauszufinden, was mit ihm nicht stimmt, und es zu korrigieren.

Und doch wird nichts von dem, was die Sündenböcke tun, jemals zu etwas führen, das sie wirklich reparieren können, um die Liebe zu bekommen, die sie von den Menschen um sie herum brauchen.

Warum ist das so? Weil es nie die Absicht der Familie oder der sozialen Gruppe war, die Dinge in Ordnung zu bringen.

Mit anderen Worten: Niemand in der Gruppe wollte, dass diese Person nicht das Problem war.

Es half ihnen, dass diese Person das Problem war. Solange diese Person das Problem war, konnten sie es vermeiden, sich mit sich selbst auseinanderzusetzen. Im Grunde genommen sagen alle: "Wir wollen wirklich, dass Du aufhörst, ein Problem für uns zu sein".

In Wirklichkeit wollen sie nichts weniger. Es ist eine Illusion, die den Sündenbock an ein dysfunktionales System bindet. Das System braucht den Sündenbock und seine Probleme genauso wie der Diktator die inhaftierten Oppositionellen.

• • • ● • ● • • •

1. Pentateuch ist ein biblischer Begriff für die ersten fünf Bücher des Alten Testaments (die fünf Bücher Mose). Der Begriff "Pentateuch" leitet sich von den griechischen Wörtern "penta" (fünf) und "teuchos" (Buch, Schriftrolle) ab und bedeutet wörtlich "fünf Bücher". Diese Schriften enthalten die grundlegenden Geschichten und Gesetze des jüdischen Volkes, darunter die Schöpfungsgeschichte, den Auszug aus Ägypten und die Zehn Gebote.

2. Symington, 1997

PSYCHISCH KRANKE FAMILIEN

D ie Rolle des Sündenbocks ist ein wesentliches Element kranker Familien. Es stellt sich also die Frage: Was ist eigentlich eine kranke Familie? Und woran erkennt man eine Familie, die eher als gesund zu bezeichnen ist?

$$\bullet \ \bullet \ \bullet \ \bullet \ \bullet \ \bullet \ \bullet \ \bullet \ \bullet \ \bullet$$

Gesunde vs. kranke Familien

Eine ausgeglichene Familie, eine gesunde Familie bietet einen gewissen Schutz vor der Außenwelt, lässt aber relevante Informationen, hilfreiche Menschen, Interaktionen, Kontakte usw. zu. Es gibt eine gesunde Grenze. Feedback darf sein. Die Familie wahrt sich als System, ist aber offen für ihre Umwelt. Familien sollten nie 100% durchlässig oder 100% undurchlässig sein.

So gesehen gibt es zwei Arten von dysfunktionalen, kranken Familien. Die einen sind zu starr, die anderen zu offen. Die offenen lassen zu viel von außen herein. Die anderen sind zu geschlossen, zu dicht.

Manche Familien sind völlig geschlossene Einheiten, nicht offen für Außenstehende, misstrauisch gegenüber Fremden, abweisend, exklusiv oder ausgrenzend, fremdenfeindlich und paranoid.

Andere pathologische Familientypen sind genau das Gegenteil, zu offen, zu frei, promiskuitiv.

Die einen haben zu viele Grenzen, die anderen gar keine. Beide Familientypen verhindern eine gesunde Persönlichkeitsentwicklung der Kinder.

Das sind die beiden Extreme, zu starr und geschlossen oder zu offen. Das sind die beiden Varianten dysfunktionaler Familien.

• • • ● •● ● • •

Starre Familien

Eine kranke, zu starre Familie verhält sich nicht wie eine Gemeinschaft von Individuen, sondern wie ein einziger Organismus. Sie bildet ein verflochtenes, verschmolzenes, durchdrungenes System. In einer solchen Familie darf sich niemand trennen. Und wenn es nicht erlaubt ist, sich zu trennen, ist es auch nicht möglich, ein Individuum zu werden.

Die Familie als Einheit erinnert an das Militär oder an eine Gesamtorganisation wie ein Gefängnis. Wenn Individuation grundsätzlich verboten ist, geschieht sie oft heimlich, hinter dem Rücken des Taktgebers, des wirklich kranken Familienmitglieds. Denn psychisch kranke Familien sind dadurch gekennzeichnet, dass es in der Elterngeneration ein wirklich krankes Familienmitglied gibt, und diese Krankheit führt zu einem zu geschlossenen System.

Diese Familien teilen die Vorstellung, dass die Außenwelt feindlich ist. Die Umwelt wird als schädlich und gefährlich empfunden. Deshalb werden die Repräsentanten einer feindlichen Außenwelt gemieden. Diese Familien sind fremdenfeindlich und/oder paranoid.

Überdies, diese Familien produzieren Außenseiter und grenzen diese Außenseiter aus. Es sind typische Sündenbock-Familien.

$$\bullet \; \bullet \; \bullet \; \bullet \; \bullet \; \bullet \; \bullet \; \bullet \; \bullet$$

Zu offene Familien

Andere Arten von pathologischen und pathogenen Familien sind genau das Gegenteil: Sie sind frei, promiskuitiv oder ungebunden. Sie sind in ständiger Bewegung. Menschen kommen und gehen, auch Fremde und Außenseiter. Sie kommen und gehen, sie dringen in den physischen Lebensraum der Familie ein, sie parasitieren in der Familie, sie benutzen die Familie oder beuten ihre Ressourcen aus. Sie binden sich an einzelne Familienmitglieder, bilden Koalitionen etc.

· · · · • · ● · • · ·

Außen statt Innen

Dysfunktionale Familien, pathologische Familien, psychisch kranke Familien betonen Äußerlichkeiten und nicht das Wesentliche. Kranke Familien sind perfektionistisch, pseudofeindlich oder pseudosolidarisch.

Pseudosolidarische Familien zeigen der Welt eine Fassade von Liebe und Fürsorge, von Mitgefühl und Solidarität, während innen, in ihrem Inneren, eine Art Verderben, ein bösartiger Bürgerkrieg herrscht.

Oder sie zeigen der Welt eine Fassade von Feindseligkeit, Ablehnung, Misstrauen, Paranoia, Fremdenfeindlichkeit, Hass usw., also Pseudo-Feindschaft und Pseudo-Gegenseitigkeit, die der Abwehr der Angst vor Nähe dient.

• • • ● • ● • • •

Die Membran

Jede Familie hat die Aufgabe, eine Membran, eine Schnittstelle zwischen Innen- und Außenwelt zu bilden. Jedes System hat die Aufgabe, einerseits geschlossen und andererseits offen genug zu sein, um sich weiterzuentwickeln und sich neuen Gegebenheiten anzupassen. Krank ist nicht, dass es eine Schnittstelle gibt, krank kann sein, wie sie gestaltet ist.

• • • ● • ● • • •

Spaltung

Die psychisch kranke Familie lässt sich auf eine hemmungslose Spaltung ein. Manche Menschen sind ganz gut manche sind ganz schlecht manche Situationen sollte man immer meiden manche sind immer erstrebenswert. Es gibt erstrebenswerte Berufe und solche, die ekelhaft, abstoßend, niederträchtig und am besten zu meiden sind.

Also immer entweder oder, schwarz oder weiß, gut oder böse. Die psychisch kranke Familie verhält sich und fühlt sich genauso wie die psychisch kranke Person bei bestimmten Persönlichkeitsstörungen.

Kurz gesagt, kranke Systeme als Ganzes zeigen die Symptome, die wir bei Individuen sehen, die als Narzissten oder Soziopathen diagnostiziert werden. Das Individuum kann narzisstisch sein, ebenso wie eine Familie narzisstisch sein kann. Das Individuum kann promiskuitiv sein, so wie eine Familie promiskuitiv sein kann.

Die kranke Familie spaltet, sie unterscheidet zu rigide zwischen Gut und Böse. Diese Spaltung ist ein Abwehrmechanismus.

Dieser Abwehrmechanismus wird von den Kindern über die Elternfiguren verinnerlicht, introjiziert. Er wird zu einem integrierten oder integralen Bestandteil des Sozialisations- und Akkulturationsprozesses, denn die Eltern sind in der Regel Sozialisationsagenten, sie repräsentieren die Gesellschaft für die Kinder.

• • • • ● • ● • • •

Die geteilte Fantasie

Die psychisch kranke Familie gibt ein Narrativ vor. Es ist das Narrativ, das alle Beziehungspartner teilen müssen, um in der Familie bleiben zu können. Das Narrativ, die geteilte Fantasie, kann völlig wahnhaft, realitätsfern, paranoid, narzisstisch, verrückt, psychopathisch sein.[1]

Es kann alles sein, es kann völlig verrückt sein in dem Sinne, dass es überhaupt nicht mehr mit der Realität übereinstimmt. Aber es wird rigide und aggressiv durchgesetzt.

Die Akzeptanz des Narrativs ist mit Sanktionen und Strafen verbunden, man hält sich an das Narrativ, man schwört dem Narrativ immer wieder die Treue, wenn man Mitglied einer solchen Familie ist.

Das Narrativ ist die gemeinsame Vorstellung, die die Familie zusammenhält. Die Treue zum offiziellen Narrativ ist die Akzeptanz der geteilten Fantasie.

Das erinnert natürlich an eine andere Art von sozialer Organisation, die Sekte. Psychisch kranke Familien sind sektiererisch in dem Sinne, dass wir gegen die Welt sind, wir sind gegen sie, es gibt eine sehr starke Wahrnehmung und Vorstellung des Anderen, des Anderen und der Andersartigkeit des Anderen.

$$\bullet \cdot \bullet \cdot \bullet \cdot \bullet \cdot \bullet \cdot \bullet \cdot \bullet \cdot \bullet$$

Familie und Rollen

In psychisch kranken Familien verstärken sich konkurrierende Rollen und Hierarchien. Die Eltern fördern diese Rollen, anstatt sie abzuschwächen.

Jedem Familienmitglied wird eine Rolle zugewiesen. Du bist der Reparateur. Du bist der Heiler. Du bist der Böse. Du bist das unverbesserliche Miststück. Du bist der Dumme. Du bist der Schlaue. Du bist der Sündenbock. Du bist das goldene Kind.

All diese Rollen werden emergente Rollen[2] genannt.

Es ist ein normaler Vorgang in allen Familien, dass sich entwickelnde Rollen zugewiesen werden. Das kann sinnvoll sein, wenn ein Kind wirklich gut etwas reparieren kann und dann die entsprechende Rolle zugewiesen bekommt. Wenn ein Kind wirklich musikalischer ist als ein anderes. Wenn ein Kind wirklich abenteuerlustiger ist und ein anderes eher introvertiert. Wenn ein Kind diese Rollen sinnvoll ausfüllen kann und die Rollenzuweisung das Kind in seinem Sein wahrnimmt, dann kann es gehen.

Aber in psychisch kranken Familien werden Rollen zugewiesen, die nur mit der Fantasie des kranken Elternteils oder der kranken Eltern zu tun haben. Es sind Rollen, die mit dem Kind selbst nichts zu tun haben. Oder es sind Rollen, die aus einer Fehlanpassung des Kindes entstehen, einer Fehlanpassung, die eigentlich korrigiert und nicht durch eine Rolle festgeschrieben werden sollte.

Gesunde Familien sind in der Lage, Rollen auch wieder loszulassen, aber in kranken Familien wird die Rolle mit Gewalt durchgesetzt und darf nicht verändert werden. Das schafft Konkurrenz, internen Wettbewerb. Denn einige Familienmitglieder werden versuchen, von einer Rolle in eine andere zu wechseln.

Es gibt natürlich angenehmere und unangenehmere Rollen. Es gibt also einen Wettbewerb um die Hierarchie in diesen Familien. Es gibt Schiedsrichter, Entscheidungsträger, Richter. Die ganze Familie funktioniert wie ein erweitertes Gericht. Die Richter sind vielleicht nur der Vater oder nur die Mutter, und die Kinder konkurrieren und treten in einen ständigen Wettstreit ein, indem sie versuchen, sich gegenseitig als Favoriten abzulösen.

· · · ● · ● · · ·

Das Unausgesprochene

Die Familie, die psychisch kranke Familie konzentriert sich auf die Umwelt. Nicht auf sich selbst. Und damit konzentriert sie sich auch auf das Implizite, auf das Verborgene, auf das Unausgesprochene, auf das Ungedachte.

Diese Art von Familie verbalisiert nicht mehr. Die Dinge bleiben eher unausgesprochen als ausgesprochen.

Alles liegt in der Luft, atmosphärisch, man muss die ganze Zeit raten, man muss dechiffrieren und dechiffrieren, die Kommunikation ist kryptisch, als gäbe es eine Art Mysterium.

Diese Art von Familie ist nie offensichtlich, nie explizit und verlangt von allen ihren Mitgliedern das Gelübde der Verschwiegenheit.

Du sollst die schmutzige Wäsche der Familie nicht vor den Augen der Nachbarn waschen. Das hält die Familie zusammen. Die Sonne desinfiziert den Missbrauch, und diese Art von Familie ist sehr missbräuchlich. Deshalb fürchten sie die Sonne, wie der Vampir die Sonne fürchtet.

· · · · ● · ● · · ·

Emotionale Erpressung

Psychisch kranke Familien üben emotionale Erpressung aus. Verbannung, Ausschluss oder Exkommunikation von Mitgliedern, von abtrünnigen Mitgliedern, von rebellischen Mitgliedern, von aufsässigen Mitgliedern.

In vielen dieser Familien ist das Hauptinstrument der Erpressung die Nichterfüllung von Erwartungen, die elterlichen Figuren verkünden ihre Erwartungen, und wenn Du diese Erwartungen nicht erfüllst, ist Deine Strafe ignoriert zu werden, vernachlässigt zu werden, geächtet zu werden, verspottet zu werden und so weiter und so fort.

In einigen dieser Familien verbalisieren die Eltern ihre Erwartungen überhaupt nicht. Wenn Du sie nicht erst errätst und dann richtig erfüllst, bestrafen sie Dich einfach. In vielen dieser Familien ist die vorherrschende Erwartung, Gedanken lesen zu können.

Alles hat seinen Preis und seine Strafe, alles ist transaktional. Die Liebe ist nicht bedingungslos, sie wird in mageren Portionen verteilt, und sie hängt von der Leistung ab, aber nicht nur von irgendeiner Leistung, von der Leistung, die die elterlichen Figuren zufrieden stellt, von der Leistung, die ihre unerfüllten Träume und Phantasien befriedigt, von der Leistung, die sie nach außen gut aussehen lässt.

• • • ● • ● • • •

Illegitime Intimität

In allen psychisch kranken Familien gibt es das, was ich illegitime Intimität nenne. Illegitime Intimität ist sexuell und emotional unangemessenes Verhalten, grenzverletzendes Verhalten, unangemessenes und grenzüberschreitendes Verhalten wie emotionaler Inzest, tatsächlicher Inzest und/oder Parentifizierung des Kindes als Ersatzehepartner.

Es handelt sich um die Bildung einer Koalition mit den Kindern gegen den gegnerischen Elternteil, umgangssprachlich als elterliche

Entfremdung bezeichnet, die in psychisch kranken Familien sehr häufig vorkommt.

• • • ● • ● ● • • •

Emotionen

Die psychisch kranke Familie legt viel mehr Wert auf Emotionen wie Wut, Neid, Hass, Angst, Verbitterung, Kritik, Selbstzerstörung, Niederlage, Versagen, Verlierer sein usw. usf. Es gibt viel mehr von diesen negativen Auswirkungen betont negative Gefühle und negative Erfahrungen, kurz auf Negativität und nicht Positivität und positive Psychologie psychisch kranke Familien verarbeiten Negativität viel schneller, viel besser, viel öfter als alles Positive und selbst wenn es versehentlich zu oder Eindringen von Positivität in eine psychisch kranke Familie, wird es sofort als etwas Negatives umgedeutet.

Hier ein Beispiel. Du kommst nach Hause und sagst zu Mama, ich habe gerade 9 von 10 Punkten in der Prüfung bekommen, und Mama sagt, warum hast Du keine 10 bekommen? Du bist ungenügend, Du bist faul, Du hättest leicht 10 Punkte bekommen können, wie soll ich jetzt vor meinen Nachbarn dastehen?

Etwas, das für deinen Lehrer oder deinen Vater etwas Positives wäre, ein Erfolg, ein Baustein für Dein Selbstwertgefühl, ein Baustein für Dein Selbstvertrauen, ein Baustein für Dein Selbstbild. Der kranke

Elternteil, die kranke Mutter oder der kranke Vater würden es Dir mit Sicherheit kaputt machen, sie würden es umdeuten, sie würden es ins Negative umwandeln.

Sowohl die Eltern als auch die Familienmitglieder haben keine Erfahrung im Umgang mit Positivität, entweder sie katastrophisieren und sagen, dass das Positive vorübergehend ist und wahrscheinlich schlecht enden wird, oder sie betrachten Positivität als eine Form der Vortäuschung von etwas Falschem, als Täuschung oder Selbstbetrug. Sie werden misstrauisch und paranoid, wenn sie mit positiven Dingen, positiven Ereignissen, positiven Leistungen und natürlich positiven Menschen konfrontiert werden.

• • • ● • ● • ● • •

Parentifizierung/Rollentausch

Psychisch kranke Familien erzwingen, wie schon gesagt, fast immer einen Rollentausch. Der Rollentausch in psychisch kranken Familien ist also sehr häufig. Die Kinder werden zu Eltern ihrer Eltern. Dieser Prozess wird Parentifizierung genannt. Parentifizierung bedeutet, dass Kinder wie Erwachsene behandelt werden. Dies widerspricht den - wenn auch unbewussten - Erwartungen der Kinder an eine altersgemäße Behandlung. Kinder werden früh überfordert.

Sie leben mit Gefühlen, die sie nicht selbst regulieren können.

Richtig ist, dass die Eltern die einzigen Erwachsenen in der Familie sind und daher auch die Verantwortung von Erwachsenen tragen. Auch Familien, die auf den ersten Blick sehr gleichberechtigt, egalitär und barmherzig erscheinen, sind in Wirklichkeit oft psychisch kranke Familien, weil sie den Kindern nicht gerecht werden.

Wenn Eltern ihren Kindern in wichtigen Fragen ein Mitspracherecht einräumen, das nicht ihrem Alter entspricht, ist das keine liberale Erziehung, sondern Misshandlung. Ein Dreijähriger, der gefragt wird, ob er mit dem Kauf einer Eigentumswohnung einverstanden ist, wird misshandelt und nicht gefördert. Eltern, die ihren Kindern ein Mitspracherecht einräumen, als wären sie bereits mündige Erwachsene, sind psychisch kranke Eltern.

· · · ● · ● · · ·

Wenn dem Kind Spielräume und Freiheiten eingeräumt werden, die strikt Erwachsenen vorbehalten sein sollten, ist die Familie psychisch krank. Wenn Kinder vernachlässigt, verhätschelt, vergöttert usw. werden, ist die Familie psychisch krank.

Wenn der Sündenbock, wie dargelegt, die Funktion hat, auseinanderdriftende Beziehungen zusammenzuhalten, dann wird ein Sündenbock umso dringender benötigt, je starrer die Familie ist.

· · · ● · ● · · ·

Das Generationentrauma

Um das Geschehen besser zu verstehen, müssen wir die Dinge aus einem größeren Blickwinkel betrachten - wie aus der Vogelperspektive. Es ist wichtig, sowohl die mütterliche als auch die väterliche Familienlinie über mehrere Generationen hinweg zu betrachten. Der Begriff "transgenerationales oder intergenerationelles Trauma" beschreibt die Weitergabe von unbewältigtem Schmerz und ungesunden Dynamiken innerhalb von Familien über Generationen hinweg. Dieser Schmerz kann nicht einfach ignoriert oder verdrängt werden, da er sowohl unser eigenes Leben als auch unsere Beziehungen beeinflusst.

Es handelt sich um ernsthaften Schmerz, der oft tief verwurzelte und komplexe Kindheitstraumata beinhaltet. Ein Blick auf die gesellschaftliche Entwicklung der letzten 100 Jahre zeigt deutlich, dass viele Menschen aufgrund unbewältigter Traumata dysfunktional oder inhuman handeln. Diese gesellschaftlichen Probleme spiegeln sich auch in den Familien wider, aus denen sie kommen. Kinder, die in diese dysfunktionalen Familien hineingeboren werden, wachsen in einem Umfeld auf, das die Muster einer kranken Gesellschaft widerspiegelt.

Ungelöste Traumata, die seit Jahrhunderten in beiden Familienlinien - mütterlicherseits und väterlicherseits - bestehen, kommen in der heutigen Generation zusammen. Die Erwachsenen, die aus diesen Familien hervorgehen, sind oft nicht gut darauf vorbereitet, gesunde und emotional stabile Kinder zu erziehen.

Viele dieser schädlichen Verhaltensmuster sind tief im Unterbewusstsein verankert und werden oft unbewusst weitergegeben. Die Menschen tragen den Schmerz in sich, sind sich dessen aber meist nur teilweise bewusst und neigen dazu, ihn zu verdrängen. Diese Verdrängung ist oft eine erlernte Reaktion, da auch frühere Generationen so mit ihrem Schmerz umgegangen sind. Emotionen wie Trauer, Schmerz oder Wut gelten in unserer Gesellschaft oft als beschämend, was den Umgang mit diesen Gefühlen zusätzlich erschwert. Die Herausforderungen sind also vielfältig und komplex.

• • • ● • ● • • •

Diese familiären Dysfunktionen führen oft dazu, dass Familien versuchen, ihre Probleme zu verbergen. Dies ist ein zentrales Anliegen in dysfunktionalen Familien: den Schmerz und die Probleme zu verbergen, anstatt sich ihnen zu stellen.

Das ist entscheidend: Die emotionalen Probleme werden hinter einem IMAGE, einem bestimmten Bild oder einer sogenannten geteilten Fantasie versteckt.

Das Ziel ist also, alles unter Verschluss zu halten. Niemand will das Trauma in der "Büchse der Pandora" der dysfunktionalen Familie öffnen. Und die Gesellschaft unterstützt dies oft. Man neigt dazu, die Realität zu verschleiern und sich in einen Nebel der Verleugnung zu hüllen. Viele Menschen in diesen Familien, vor allem die Erwachsenen, die die Kinder erziehen, haben das Bedürfnis, sich von ihrem eigenen

Schmerz zu distanzieren, weil er unerträglich ist. Das erschwert eine gesunde Erziehung ungemein. Sie vermeiden alles, was auch nur einen kleinen Teil dieses Schmerzes wieder zum Vorschein bringen könnte. Dadurch sind sie oft defensiv und im Angriffsmodus.

Dann kommt das Kind ins Spiel, das offen ausspricht, was offensichtlich ist: "Der Kaiser hat keine Kleider an". Aber die Erwachsenen reagieren mit Leugnen: "Nein, Du irrst dich. Der Kaiser trägt Kleider."

Sie versuchen das Kind davon zu überzeugen, dass es seinen eigenen Wahrnehmungen nicht trauen kann. Die Botschaft ist klar: "Mit Dir stimmt etwas nicht. Du siehst und verstehst die Welt nicht richtig". Die Mehrheit der Erwachsenen glaubt an diese gemeinsame Illusion und verteidigt sie. Das Kind ist isoliert und verwirrt.

· · ● · ● ● · ● ● · ·

Das zentrale Ziel dieser Familien ist es, die schwierigen Emotionen und Traumata niemals anzusprechen oder zu heilen. Stattdessen entscheiden sie sich dafür, in einer Blase der Verleugnung zu leben und den Schein einer "normalen" Familie aufrechtzuerhalten. Doch diese Illusion hat ihren Preis: Jemand muss die Last tragen, und oft ist es das Kind, das zum Sündenbock gemacht wird. Es ist unmöglich, ungelöste Traumata zu ignorieren und gleichzeitig in einer wirklich liebevollen, authentischen und funktionierenden Familie zu leben.

Die Heilung dieser Wunden erfordert viel Arbeit - nicht nur für die Betroffenen selbst, sondern oft auch in Bezug auf frühere Generationen. Viele Familien haben über Generationen hinweg beschlossen, den Schmerz zu ignorieren, nach dem Motto: "Ich sehe es nicht, ich höre es nicht, ich kümmere mich nicht darum". Die Verantwortung wird einfach an die nächste Generation weitergegeben, ohne die tiefer liegenden Probleme anzugehen. Dies zeigt einen Mangel an Selbstverantwortung und Bewusstsein bei den Erwachsenen, die sich weigern, sich ihrem eigenen Schmerz zu stellen.

Das Kind, das die Wahrheit sagt und intuitiv die Energie der Familie aufnimmt, wird zum Schweigen gebracht. Es wird als Bedrohung empfunden, weil das ganze "Kartenhaus" der Familiendynamik zusammenbrechen könnte, wenn es seine Wahrheit sagen würde.

Deshalb wird seine Realität verleugnet, und die Erwachsenen finden es leider leicht, dem Kind eine andere Sichtweise aufzuzwingen oder es zu manipulieren. Und genau das geschieht. Die Erwachsenen in der dysfunktionalen Familie haben kein Interesse an Heilung oder Veränderung. Der Status quo ist ihnen sehr wichtig.

Das Kind als Sündenbock wird zum Puffer für die Familie. Nach außen versucht die Familie, das Bild einer gesunden, normalen, erfolgreichen, vorbildlichen Familie aufrechtzuerhalten. Nach innen aber wird dieses eine Kind als das "Problem" dargestellt, als der Störenfried, der "nicht ganz richtig im Kopf" ist. So wird das

Kind pathologisiert und zum "Mülleimer" für alle Schmerzen und ungelösten Probleme der Familie.

Die Erwachsenen haben dabei keine Skrupel. Sie schlafen nachts gut, obwohl sie tagsüber ihre Frustrationen am Kind auslassen, es manipulieren und andere dazu bringen, es ebenfalls zu schikanieren. Ziel ist, das Kind zum Schweigen zu bringen, ihm das Selbstwertgefühl zu nehmen und es zu beschämen. So fügen sie ihm absichtlich Schmerz zu.

$$\bullet \cdot \bullet \cdot \bullet \cdot \bullet \cdot \bullet \cdot \bullet \cdot \bullet \cdot$$

Mangel an Empathie

Ein weiteres wichtiges Merkmal der Erwachsenen in einer dysfunktionalen Familie ist der Mangel an Empathie. Menschen, denen es an Empathie fehlt, können sehr gefährlich sein. Genau das sehen wir in dysfunktionalen Familien, in denen ein Sündenbock geschaffen wird.

$$\bullet \cdot \bullet \cdot \bullet \cdot \bullet \cdot \bullet \cdot \bullet \cdot \bullet \cdot$$

Das eigentlich kranke Mitglied

In einer Familie, in der ein Kind zum Sündenbock gemacht wird, gibt es also mindestens einen Erwachsenen, der so sehr unter seinem eigenen Trauma leidet, dass absolut nichts geschehen darf, was ihn oder sie an das Trauma erinnern könnte. Jemand, der mit allen Mitteln versucht, die Außenwelt zu kontrollieren, damit nichts, was gesagt, gesehen, gehört oder gefühlt wird, ihn an seinen Schmerz erinnert.

Sehr oft handelt es sich um ein oder zwei Familienmitglieder mit einer schweren narzisstischen Störung (als Folge des Traumas).

Für diese Erwachsenen stellt ein Kind eine besondere Bedrohung dar. Das Kind, das die Schranktür öffnet, ein Skelett darin findet und dann laut sagt: "Da ist ein Skelett im Schrank".

Der kranke Elternteil fürchtet um seine harte Grenze, die ihn oder sie vor dem emotionalen Kontakt mit dem eigenen Trauma schützt. Das Kind muss zum Schweigen gebracht werden, es muss isoliert werden, es darf kein Selbst entwickeln (was der kranke Erwachsene oft auch nicht durfte), es darf nicht authentisch und gesund sein. Es muss vor Scham gelähmt, also unterworfen werden.

Der Sündenbock der Familie ist geboren.

Es ist sehr wichtig zu wissen, dass der Sündenbock NICHT das eigentlich kranke Familienmitglied ist, auch wenn von außen alles dafür zu sprechen scheint. Das eigentlich kranke Familienmitglied ist der dysfunktionale Vater oder die dysfunktionale Mutter, die verzweifelt versuchen, ein bestimmtes Familienbild nach außen und innen aufrechtzuerhalten.

Dies zu wissen ist umso wichtiger, als das Sündenbockkind sehr schnell sehr massive Symptome zeigt, die es in den Augen der Welt als das "eigentliche" Problem erscheinen lassen. Akute Angststörung. Die Essstörung, der Alkoholismus, die Unfähigkeit, einen Beruf zu ergreifen und/oder zu behalten - alles massive Symptome. Das Sündenbockkind fliegt von der Schule, verursacht Unfälle, hat Schwierigkeiten, Geld zu verdienen. Es endet im offenen Grab, in der Psychiatrie, in der Entzugsklinik oder im Gefängnis.

Der Sündenbock ist das Problem. Ganz klar.

Wirklich? Systemisch ausgebildete Familientherapeutinnen und -therapeuten wissen in der Regel, dass das Sündenbockkind nicht das eigentliche Problem ist, und sie fürchten nichts mehr als die Mutter, die mit einem völlig verstörten Kind an der Hand zum Therapeuten kommt und sagt: "Bring das in Ordnung". Der Therapeut schaut die Mutter und/oder den Vater an, riecht vielleicht die Alkoholfahne, sieht den wütenden Ausdruck und die Anspannung im Gesicht der Mutter und seufzt tief.

· · • • ● • ● • • ·

Viele Therapeut:innen und Coaches sind aber NICHT systemisch ausgebildet und kennen die Sündenbockdynamik nicht. Für die Selbstfürsorge ist es daher entscheidend zu wissen, dass sehr viele Symptome NICHT heilbar sind, solange die dahinter liegende Dynamik nicht aufgedeckt wird.

• • • • ● • ● • • ∙

1. Das Konzept der geteilten Phantasie geht meines Wissens auf den Psychoanalytiker Sander M. Abend zurück, der es 1979 veröffentlichte. Andere Autoren sehen jedoch Otto Kernberg als den eigentlichen Urheber dieses Konzepts.

2. Eine "emergente Rolle" ist eine Rolle, die nicht im Voraus geplant oder formal definiert wurde, sondern sich spontan aus einer Situation, einem System oder einem sozialen Kontext heraus entwickelt. Dies geschieht häufig durch dynamische Interaktionen zwischen Akteuren innerhalb einer Gruppe oder Organisation. Solche Rollen entstehen häufig in informellen Strukturen und basieren auf individuellen Fähigkeiten, Bedürfnissen oder situativen Erfordernissen.

DIE EIGENSCHAFTEN DES SÜNDENBOCKS

Wenn Du aus einer toxischen Familie kommst, wird Dir im Grunde beigebracht, dass Du nicht fühlen, nicht denken und nicht sprechen darfst. Du darfst nicht Du selbst sein. Stell Dir vor, was das mit Dir macht, wenn Du als Kind nicht über Deine Gefühle sprechen kannst.

Denk an die Energie, die ständig unterdrückt werden muss. Tag für Tag lebt man in dieser Angst. Stell Dir vor, wie wachsam und aufmerksam ein Kind sein muss, das in einer dysfunktionalen Familie aufwächst, oft mit einer narzisstischen Mutter, einem narzisstischen Vater oder in einer allgemein narzisstischen Umgebung.

Diese Kinder lernen, ihre Aufmerksamkeit immer auf die Umgebung zu richten, anstatt auf sich selbst, nach innen und auf ihre eigenen Gefühle.

Stell Dir vor, wie es ist, ein Kind zu sein, das hauptsächlich aus Gefühlen besteht, und die Botschaften um Dich herum sagen dir, dass Du nicht Du selbst sein kannst. Du kannst nicht das lebendige, energiegeladene Wesen sein, das Du eigentlich bist.

Abbildung 3: Die Spielregeln in einer narzisstischen Familie lassen sich am besten durch die drei Affen symbolisieren.

• • • ● • ● • ● • •

In einer narzisstischen Familie gibt es strenge Regeln, und eine dieser Regeln ist, dass Du nicht die Wahrheit sagen darfst.

Das bedeutet auch, dass Du nicht wirklich fühlen darfst. Wer wirklich fühlt, hat große Schwierigkeiten, sich so anzupassen, wie es die Erwachsenen wollen.

Das Kind, das zum Sündenbock gemacht wird, ist meistens das Kind, das nicht anders kann, als zu fühlen. Es ist das Kind, das spürt, dass etwas nicht stimmt, und das diese Gefühle nicht unterdrücken kann. Es gibt Kinder, die ihre Angst oder ihr Unbehagen nicht verbergen können, während andere besser darin sind, so zu tun, als wäre alles in Ordnung, und einfach mitspielen.

Oft wird das Kind zum Sündenbock gemacht, das nicht mitspielen will oder kann. Es versteht den Konkurrenzkampf in der Familie nicht und/oder kann sich den ungesunden Regeln nicht anpassen. Wenn Du das Kind bist, das zum Sündenbock gemacht wird, dann weigerst Du Dich vielleicht, am Mobbing in der Familie teilzunehmen.

Narzisstische, dysfunktionale Eltern wollen, dass sich vor allem die Geschwister untereinander streiten. Diese Spannung erzeugen sie bewusst.

Denn wenn die Eltern es schaffen, dass sich die Geschwister streiten, dann ist das wie "teile und herrsche". Wenn sie es schaffen, dass sich die Geschwister voneinander entfernen, dann ist das für sie ideal. Wenn es deiner Mutter gelingt, zu einem Kind einen besonderen Kontakt herzustellen, kann sie dieses Kind dazu bringen, das andere nicht mehr zu mögen.

Und was passiert dann? Die Mutter projiziert all ihre ungelösten Probleme auf das Kind, das zum Sündenbock wird. Gleichzeitig benutzt sie das andere Kind, das sie bevorzugt, als ihre "nützliche" Person oder macht es zu ihrem "Goldkind". Man bedenke, wie manipulativ es ist, wenn eine narzisstische, dysfunktionale Mutter ein Kind zum Sündenbock in Gegenwart des anderen macht.

Das Goldkind hat jedoch oft eine mindestens ebenso schwierige Rolle wie der Sündenbock. Der Sündenbock weiß, dass er abgelehnt und/oder bekämpft wird, und wenn es schlimm genug ist, greift die Außenwelt ein. Das Goldkind lebt in der Illusion, es besser zu haben.

So fährt das Goldkind Wochenende für Wochenende nach Hause, um der armen Mama zu helfen, den dementen Vater zu ertragen. Denn es will besser sein als die schreckliche Schwester, die die arme alte Mama so allein gelassen hat. Irgendwann stellt es fest, dass dies die Jahre gewesen wären, in denen es die Wochenenden hätte nutzen können, um eine neue, stabile Partnerschaft aufzubauen. Jetzt ist sie wohl im Alter allein.

· · · ● · ● · · ·

Der Mutter gibt dies ein enormes Maß an Kontrolle über ihre beiden Kinder. Und was passiert, wenn die Kinder das nicht durchschauen? Sie fangen an zu streiten, und das kann ein Leben lang so weitergehen. Dazu mehr im Kapitel 6.

• • • ● • ● • • •

Das Kind, das zum Sündenbock gemacht wird, ist den regelmäßigen Explosionen ausgesetzt. Das geschieht nicht in der Kirche. Es geschieht nicht vor dem Lehrer. Wenn man also dieses Kind ist, das die Behandlung durch die Eltern nicht erträgt und anfängt, sich schlecht zu benehmen und am Esstisch zu weinen, dann wird es zum Sündenbock.

Um auf das zurückzukommen, was ich gerade gesagt habe: Du wirst zum Sündenbock der Familie, wenn Du Deine Gefühle und Emotionen zeigst und darüber sprichst.

Das Kind, das am meisten mit seinen Gefühlen in Berührung kommt, ist das Kind, das zum Sündenbock gemacht wird. Das Kind, das sich nicht unterwirft, das nicht nachgibt, das nicht auf Zehenspitzen geht, das nicht über rohe Eier läuft, wird zum Sündenbock der narzisstischen, dysfunktionalen Familie.

• • • ● • ● • • •

Sündenbock und Intelligenz

Sehr oft ist der Sündenbock in der Familie intuitiv und intelligent und erkennt die dysfunktionale Dynamik. Gerade deshalb wird er oft zum Sündenbock gemacht: Ein Kind, das die Probleme in der Familie durchschaut, könnte sie beim Namen nennen und damit eine Bedrohung für das ganze System darstellen.

Diese Gefahr führt dazu, dass das Kind zum Schweigen gebracht werden muss, was meist durch Beschämung geschieht. Wenn jemand beschämt ist, zieht er sich zurück, verliert sein Selbstwertgefühl und traut sich nicht mehr, seine Stimme zu erheben. Dies ist eine unbewusste Strategie, die oft in dysfunktionalen Familien angewandt wird.

Intelligenz kann in diesem Zusammenhang gefährlich sein, weil Menschen das Bedürfnis haben, dazuzugehören. Wir alle wollen Teil unserer Familie sein, Teil der Menschen, mit denen wir aufwachsen. Dieses Zugehörigkeitsgefühl ist tief in uns verwurzelt. Vor allem als Kind ist es unmöglich, ohne die Familie zu überleben.

Früher konnte man ohne Gemeinschaft nicht überleben. Wer damals kein Netzwerk hatte, war isoliert und dem Tod geweiht. Dieses Bedürfnis nach Zugehörigkeit führt manchmal dazu, dass wir Teile von uns selbst aufgeben, zum Beispiel unsere Intelligenz oder unsere Stimme, um in der Familie akzeptiert zu werden.

Wenn die eigene Intelligenz das Familiensystem bedroht, kann man sich gezwungen sehen, sie gegen das Gefühl der Zugehörigkeit einzutauschen. Als Minderjähriger kann man, wie gesagt, die Familie nicht einfach verlassen und allein überleben.

So beginnt der Sündenbock (wie in meinem Fall) immer wieder in der Schule zu versagen, und zwar genau in den Fächern, in denen der eigentlich kranke Elternteil immer wieder signalisiert, dass dies "seine" wichtigsten Fächer in der eigenen Schulzeit waren.

Bei mir war es die Rechtschreibung. Noch bevor ich schreiben gelernt hatte, "wusste" meine Familie, dass ich rechtschreibschwach war. Und meine Mutter hat einer Fünfjährigen gegenüber immer wieder betont, dass Rechtschreibung ihr wichtigstes Fach gewesen sei, dass sie fast aufs Gymnasium hätte wechseln dürfen, weil sie so gut in Rechtschreibung war. Ihre Mutter habe es aber verhindert, aber sie hätte es gekonnt. Wegen der Rechtschreibung. Ich dagegen sei leider unfähig.

Wie gesagt, ich war schon *vor dem Erlernen des Schreibens* völlig unfähig in der Rechtschreibung. Ich habe die Rechtschreibung nie gelernt und meine Abiturnote durch schlechte Rechtschreibung gefährdet.

Die Wut und der Neid des kranken Elternteils machen es umso gefährlicher, intelligent zu sein, da man als Kind, wie beschrieben, dazu neigt, seine Stimme zu unterdrücken, um Teil des Systems zu bleiben. Würde das Kind jedoch seine Intelligenz frei entfalten dürfen, könnte es das Familiensystem in Frage stellen, was in diesen dysfunktionalen Beziehungen als Affront empfunden wird.

• • • • ● • ● • • •

Was kann man tun?

Als Erwachsene haben wir heute den Vorteil, dass die Welt stärker vernetzt ist. Wir sind nicht mehr auf ein Dorf oder eine kleine Familiengemeinschaft angewiesen. Dank moderner Technologien wie dem Internet können wir uns mit Menschen auf der ganzen Welt verbinden, Informationen sammeln und Unterstützung für unsere Heilung finden. Wir sind nicht mehr auf die Akzeptanz einer dysfunktionalen Familie angewiesen.

Das Beste an unserer Zeit ist, dass wir unsere Genesungsreise selbst in die Hand nehmen können. Wir können uns mit anderen austauschen, Bestätigung erhalten und unsere Heilung beginnen. Unsere Intelligenz, die früher als Bedrohung empfunden wurde, kann jetzt neu genutzt werden. Wir sollten nicht unser ganzes Leben damit verbringen, unsere Fähigkeiten und unser Potenzial zu unterdrücken, weil unser Nervensystem dies als unsicher empfindet.

• • • • ● • ● • • •

In unserer Kindheit mussten wir oft unsere Intelligenz gegen Zugehörigkeit eintauschen, um zu überleben. Als Erwachsene erkennen wir, dass diese Strategie nicht mehr angemessen ist.

Jetzt ist es an der Zeit, unsere Intelligenz, unsere Talente und unser Potenzial voll und ganz zu akzeptieren und uns auf die neuen Möglichkeiten zu freuen, die vor uns liegen - mit großartigen Menschen, Erfahrungen und Chancen.

Das Sündenbockkind hat zwei wichtige Eigenschaften: Es ist das bedrohlichste Kind für die Eltern und gleichzeitig das nützlichste - nützlich, um die eigenen Traumata der Elterngeneration zu bewältigen.

Es ist nicht nur das "böse" Kind, es ist auch das Kind, von dem der kranke Elternteil oder die kranken Eltern etwas wollen. Dieselben Eigenschaften, die das Kind zu einem bedrohlichen, also "bösen" Kind machen, machen es auch zu einem "interessanten" Kind. Umso frustrierender ist es, wenn gerade dieses Kind sich verweigert. Das darf nicht sein. Narzisstische Eltern werden dann auf Rache sinnen.

• • • ● •● ● ● •• •

Aber gleichzeitig sieht dieses Kind vielleicht zum ersten Mal in deren Leben die Eltern. Und das ist das, was diese Eltern in ihrer eigenen Kindheit dringend gebraucht hätten, was aber nicht passiert ist. Also versuchen sie, das in den jetzigen Beziehungen nachzuholen.

Als ich in die Pubertät kam, spielte meine Mutter mit mir wochenlang das folgende Spiel, wenn ich neue Kleider bekommen sollte. Sie versprach mir, nach der Schule mit mir einkaufen zu gehen.

Wenn ich nach der Schule nach Hause kam, sagte sie: "Heute habe ich keine Zeit".

Wenn ich dann vor Enttäuschung zu weinen begann, schrie sie mich an. Ich müsse sie endlich sehen. Sie sollte endlich auch mal gesehen werden und nicht immer nur ich. Sie hätte keine Zeit. Sie wäre überlastet. Ich müsse sie endlich, endlich sehen.

Sie brüllte so lange, bis ich nachgab und zugab, dass sie völlig überlastet sei und endlich gesehen werden müsse.

Und dann sagte sie: Aber morgen gehen wir in die Stadt einkaufen.

Für ein T-Shirt habe ich manchmal 12 bis 15 Wochen gebraucht.

• • ● • ● • • • •

Der Kern der Sündenbock-Dynamik

Der Kern der Sündenbock-Dynamik ist eine bestimmte Erzählung. Es ist nicht der kranke Elternteil und das System um ihn herum, das nicht funktioniert. In Wirklichkeit haben wir eine sehr glückliche Familie. Allen anderen geht es gut.

Es ist nur diese eine Person, die verrückt ist und sich irrt und ein schlechter Mensch ist. Das ist der isolierbare Einzelne. Uns anderen geht es gut.

In der Regel ist der Sündenbock das Familienmitglied oder das Kind, das die größte Belastung für das gestörte System darstellt. Das Kind, oft noch sehr jung und unschuldig, hat einen ausgeprägten Gerechtigkeitssinn, ist intuitiv und bemerkt die Dysfunktionalität in der Familie.

Es wird von der Familie geächtet, beschämt, pathologisiert und schikaniert. Alle Familienmitglieder sind daran beteiligt, so dass der Sündenbock keine Verbündeten hat.

Dieses Muster kann sich über Jahrzehnte fortsetzen, auch wenn die Kinder erwachsen werden. Es ändert sich nichts, weil die Familie ihr Verhalten nicht als problematisch erkennt. Es fehlt an Reue, Mitgefühl und dem Willen, gesunde Verhaltensweisen zu entwickeln.

$$\cdot \cdot \cdot \bullet \cdot \bullet \cdot \cdot \cdot$$

BIN ICH DER SÜNDENBOCK?
ANZEICHEN!

Eine der Fragen, die sich der Sündenbock oft stellt, ist: Hat meine Familie vielleicht Recht mit dem, was sie sagt? Vielleicht bin ich wirklich ein schlechter Mensch?

Diese Selbstzweifel führen oft zu der Frage: Wie können wir Klarheit gewinnen? Wie können wir wirklich wissen, wer wir sind? Wurde mir in der Familie die Rolle des "Sündenbocks" zugewiesen?

Es gibt typische Anzeichen dafür, dass jemand in die Rolle des Sündenbocks gedrängt werden soll.

Ein erster Schritt ist, sich zu fragen: Bin ich derjenige, den das Familiensystem für verrückt hält? Diese Zweifel entstehen oft dadurch, dass einem immer wieder von Familienmitgliedern eingeredet wird, man selbst sei das Problem. Man hört immer wieder, dass man zu sensibel sei, dass sich alles nur in seinem Kopf abspiele und dass man selbst die Ursache des Konflikts sei.

Wenn wir darüber nachdenken, wie eine gesunde Familie aussieht, wird klar: In einer solchen Familie sagen die Erwachsenen - also die Eltern oder Erziehungsberechtigten - ihrem Kind nicht ständig, dass es verrückt ist oder nicht weiß, was es denkt und fühlt. Wenn dies jedoch in der Familie geschieht, ist es ein Zeichen dafür, dass die Familie dysfunktional und ungesund ist.

Wir müssen uns wieder und wieder daran erinnern, dass ein solches Verhalten in einer gesunden Familie nicht vorkommt. Für ein kleines Kind sind solche Botschaften - dass Du verrückt bist, dass Du Dir Dinge ausdenkst oder dass Du aus einer Mücke einen Elefanten machst - erschreckend, beängstigend und isolierend. Diese Art der Kommunikation setzt ein Kind unter großen emotionalen Druck. In einer gesunden Familie passiert so etwas nicht.

In einer gesunden Familie kümmern sich die Eltern um das Kind, besonders wenn es emotional belastet ist. Die Eltern sind da, um das Kind zu beruhigen, ihm Sicherheit zu geben und es emotional zu unterstützen. Alles andere, insbesondere wenn solche negativen Botschaften wiederholt vermittelt werden, ist zutiefst dysfunktional und missbräuchlich.

· · · ● ● ● ● · · ·

Ein Anzeichen dafür, dass Du der Sündenbock Deiner Familie sein könntest, sind ständige Angstgefühle, die scheinbar aus dem Nichts kommen. Wie könnte man bei all den Problemen in der Familie keine Angst empfinden? Symptome wie Depressionen, Panikattacken und geringes Selbstwertgefühl kommen nicht aus dem Nichts. Sie sind eine Reaktion des Nervensystems auf eine bedrohliche Umwelt.

Das Suchen und Finden von Entschuldigungen für die Bezugspersonen ist ein Überlebensmechanismus. Der Grund dafür ist, dass die Hauptbezugsperson für unser Überleben verantwortlich ist, wenn wir ein kleines Kind sind. Es geht also um Leben und Tod, wenn wir noch minderjährig sind. Wir müssen dann eine Entschuldigung für dieses Verhalten finden, um auf eine erträgliche Art und Weise in der Beziehung bleiben zu können. Das kann sich natürlich bis ins Jugend- und Erwachsenenalter fortsetzen.

• • • ● • ● • • •

Scham- und Schuldgefühle

Ein Kind, das zum Sündenbock gemacht wird, wird immer wieder beschämt - über Jahre hinweg. Egal, was es tut: Entscheidet es sich für Option A, heißt es, es sei ein schlechter Mensch; entscheidet es sich für Option B, ist auch das falsch und es wird wieder als dumm oder unfähig bezeichnet. Für ein Kind, das mit solchen missbrauchenden Eltern aufwächst, gibt es oft keinen Ausweg aus dieser Scham.

Der Unterschied zwischen Schuld und Scham ist wichtig: Schuld bedeutet "Ich habe etwas Falsches getan", während Scham bedeutet "Ich bin falsch, ich bin von Natur aus böse". Als Kind übernehmen wir oft diesen Glauben, weil es ein Schutzmechanismus ist, um mit dem Trauma umzugehen. Diese Scham sitzt tief in uns, sie durchdringt unseren ganzen Körper und unser ganzes Wesen.

Wir tragen eine Energie der Scham in uns, die oft mit Überzeugungen wie "Die Welt hasst mich", "Gott bestraft mich, weil ich schlecht bin" oder "Das Leben meint es schlecht mit mir" einhergeht. Der Geist eines Kindes, das in einer toxischen Umgebung lebt, entwickelt solche tiefen Überzeugungen, um mit der extrem belastenden Situation zurechtzukommen.

Solange das Kind die Schuld für die Misshandlung bei sich selbst sucht und nicht in der Pathologie der Eltern, hat es noch ein (vermeintliches) Minimum an Kontrolle. An den Eltern kann es nichts ändern, also auch nicht an seiner Situation. Aber vielleicht an sich selbst, es kann chronisch beginnen, herauszufinden, wie man es "richtig" macht. Dieser Versuch ist aussichtslos, aber das weiß das Kind noch nicht.

• • • ● ● • ● ● • • •

Deine Familie gibt dir ein chronisches Gefühl von Scham und/oder Schuld. Du wirst behandelt, als hättest Du wirklich nichts zu bieten. Du bist das Problemkind, mit Dir stimmt etwas nicht.

Manchmal verhält sich der Sündenbock tatsächlich schlecht, neigt zu Süchten oder hat Wutprobleme, aber das sind keine Charakterschwächen. Das ist eine Reaktion auf jahrelangen Missbrauch. Es ist eine natürliche menschliche Reaktion auf die Erfahrung, missbraucht, verleumdet, missverstanden und emotional gequält worden zu sein. Anstatt sich mit den Ursachen dieser Probleme zu beschäftigen - was die Familie bloßstellen würde - wird einem gesagt: "Siehst du, du bist das Problem".

Selbst wenn dieser Missbrauch zu ernsthaften Problemen wie Selbstmord führen kann, wird dies als weiterer Beweis dafür angesehen, dass mit dem Sündenbock etwas nicht stimmt. Es war immer seine Schuld. Die Familie gibt vor, sich um ihn zu sorgen, aber in Wirklichkeit schützt sie sich selbst und erhält das dysfunktionale System aufrecht. Der Sündenbock wird geopfert, um das gestörte Familiensystem am Leben zu erhalten.

Die Familie benutzt Scham und Schuldgefühle, um das Sündenbockkind zu kontrollieren.

Wenn Du ein Sündenbock bist und darüber nachdenkst, keinen Kontakt mehr zu haben oder Grenzen zu setzen, und Du Dich dann schuldig fühlst, dann liegt das daran, dass Du von klein auf darauf konditioniert wurdest, Dich schuldig zu fühlen.

• • • ● ●• ● ● • •

Und genau hier entsteht häufig ein gravierendes Problem. Viele Mainstream-Lehrer sagen, dass Schuld etwas Positives sein kann, weil sie zeigt, dass man etwas falsch gemacht hat.

Das ist eine furchtbare Falle für Sündenbock-Kinder, und ich bin selbst oft in diese Falle getappt. Denn sie unterstellt, dass es bei Schuldgefühlen immer eine reale, eigene Tat gibt, nach der man suchen kann. Das geht dann einher mit der munteren Aufforderung, endlich Verantwortung zu übernehmen oder "sich nicht zum Opfer zu machen".

Das ist genau das, was der narzisstische Elternteil für sich und sein System braucht. Das Sündenbockkind übernimmt weiter "die Verantwortung", prüft "seine Schuld" und liefert sich damit weiter dem Elternteil aus. Es lenkt die Aufmerksamkeit auf sich und sein vermeintlich problematisches Verhalten und weg vom Elternteil und der dysfunktionalen Dynamik.

Das Sündenbockkind beginnt fälschlicherweise zu glauben, dass seine "Schuld" bedeutet, dass es wirklich etwas falsch gemacht hat, was aber sehr oft nicht der Fall ist. Bei der Sündenbockdynamik wird das normale Schuldgefühl einer Person, die tatsächlich etwas falsch gemacht hat, zu einem Werkzeug, das von Kindheit an gegen sie eingesetzt wird, um zu suggerieren, dass sie etwas falsch gemacht hat, was sie nicht getan hat.

Nach Jahren des Missbrauchs ist diese "Schuld" Teil der eigenen Identität geworden. Schuldgefühle, einschließlich Selbstsabotage, werden zu Deiner natürlichen Reaktion, wenn Du etwas für Dich selbst tust, besonders wenn es nicht dem entspricht, was die Familie von Dir erwartet - totale Selbstaufgabe, Selbstaufopferung, Lügen und so tun, als ob alles in Ordnung wäre. Wenn Du es nicht tust, fühlst Du Dich schuldig.

$$\bullet \; \bullet \; \bullet \; \bullet \; \bullet \; \bullet \; \bullet \; \bullet \; \bullet \; \bullet$$

Vertrauen

Ein weiteres Anzeichen sind Vertrauensprobleme. Wenn Du der Sündenbock der Familie bist, erlebst Du einen tiefen Verrat am Vertrauen Deiner Eltern, der dein Selbstvertrauen stark erschüttert. In einer dysfunktionalen Familie fehlen oft klare Grenzen, und wenn Du den Menschen, die Dich geboren haben und Dich erziehen, nicht vertrauen kannst, wird es schwierig, Vertrauen zu anderen Menschen aufzubauen.

Das Pendel kann in beide Richtungen ausschlagen: In manchen Situationen kannst Du sehr schnell Vertrauen fassen und intime Details mit Menschen teilen, die Du kaum kennst. Später bereust Du es vielleicht und hast das Gefühl, zu viel preisgegeben zu haben. Auf der anderen Seite kannst Du aber auch extrem misstrauisch sein, nicht einmal die erste Hürde in einer Beziehung nehmen und Dich völlig verschließen.

· · · ● · ● · · ·

Witze, die beschämen

Der Sündenbock in der Familie ist oft das Ziel böser Witze - nicht in harmloser, sondern in verletzender Weise. Es wird so getan, als sei es nur Spaß, und wenn man sich wehrt, heißt es: "Warum kannst du keinen Witz ertragen?" Aber die wahre Absicht hinter diesen Sprüchen ist, Dich seelisch zu brechen.

Für das Kind in der Sündenbockrolle ist das extrem belastend. Es wird ständig gehänselt und gedemütigt, und wenn es einen Fehler macht, vergisst das System das nie. Viele Sündenböcke haben eine bestimmte Kindheitsgeschichte, die von den Eltern immer wieder erzählt wird. Jedes Mal brechen alle in schallendes Gelächter aus, weil die Geschichte so erzählt wird, dass sie andere zum Lachen bringt - oft auf grausame und unmenschliche Weise. Einer erzählt die Geschichte.

Und die anderen Familienmitglieder lachen einfach mit, ohne darüber nachzudenken, wie verletzend das für das Kind ist.

• • • ● ● • ● • • • •

Als ich neun Jahre alt war, probierte ich einmal einen Schluck Wein aus einer geöffneten Flasche, die im Kühlschrank stand. Genau einen Schluck. Dabei habe ich Brotkrümel in der Flasche gelassen und wurde erwischt. Die Geschichte wurde, glaube ich, sieben Jahre lang allen Verwandten bei jedem Fest, bei jedem Treffen erzählt. Gelächter und Schmunzeln, jedes Mal.

Unser Säuferkind, ha, ha, ha.

• • • ● ● • ● • • • •

Die Wahrheit wird bestraft

Man wird bestraft wird, wenn man die Wahrheit sagt. Das passiert zum Beispiel, wenn man ein ehrliches Gefühl ausdrückt oder eine unschuldige Frage über eine dysfunktionale Dynamik, Heuchelei oder Missbrauch in der Kindheit stellt und dafür bestraft, dämonisiert oder zum Schweigen gebracht wird.

Wenn Dir das bekannt vorkommt, wenn Du also die Wahrheit gesagt hast und deswegen Schwierigkeiten hattest - auch die emotionale Wahrheit - dann könntest Du der Sündenbock der Familie sein.

· · ● ●· ● ● · ·

Du bist der "Whistleblower"

Eine andere Möglichkeit ist, dass Du der Whistleblower bist. In einem Unternehmen ist ein Whistleblower jemand, der Korruption im System aufdeckt. Übertragen auf ein Familiensystem bedeutet dies, dass in einem dysfunktionalen Umfeld, in dem Korruption herrscht, der Whistleblower der Sündenbock ist, der versucht, die Missstände aufzudecken und anzuprangern.

Normalerweise handelt der Sündenbock nicht aus Bosheit oder um jemanden zu verletzen oder ihm ein schlechtes Gewissen zu machen. Er will einfach nur die Wahrheit herausfinden und den Dingen auf den Grund gehen. Warum sollte man so tun, als wäre in der Familie alles in Ordnung, wenn die Realität ganz anders aussieht?

In dysfunktionalen Familien gibt es sehr oft ein Familiengeheimnis, das der Whistleblower (möglicherweise) aufdeckt. Das "Geheimnis" kann für jeden außerhalb der Familie völlig offensichtlich sein, es gibt eine Affäre, es gab einen Bankrott, einen Selbstmord, jemand hat eine

Essstörung, der Vater oder die Mutter trinkt ... Das Geheimnis hat oft keine großen rechtlichen Folgen.

Aber es ist mit großer Scham verbunden, also wird es um jeden Preis verschwiegen. Der Whistleblower verrät also häufig (nicht immer, aber sehr häufig) nichts, er sagt nur, dass der Kaiser keine Kleider trägt - wie das Kind im Märchen "Des Kaisers neue Kleider" von Hans Christian Andersen.[1]

• • • ● • ● • • •

Doppelmoral

Je nachdem, ob jemand zum System gehört oder nicht, werden unterschiedliche Maßstäbe angelegt.

Das nennt man manchmal auch den Schwarzschafseffekt: Wenn jemand außerhalb der Familie etwas leistet oder sich ungewöhnlich verhält, wird das bewundert oder anerkannt. Aber wenn man das Gleiche innerhalb der Familie tut, wird es oft nicht anerkannt oder sogar kritisiert.

Wenn also jemand außerhalb der Familie etwas riskiert und Erfolg hat, wird er auf ein Podest gestellt. Wenn Du das Gleiche tust, wirst Du vielleicht als verantwortungslos angesehen, ausgelacht oder Dir wird gesagt, dass Du es nie zu etwas bringen wirst. Hier wird mit zweierlei Maß gemessen.

Ausschluss

Ein wichtiges Zeichen der Sündenbockrolle ist die Ausgrenzung. Du fühlst Dich ausgeschlossen und wirst auch tatsächlich ausgeschlossen. Wenn Du also der Sündenbock der Familie bist und Du bereits versucht hast, ehrlich zu sein, Veränderungen herbeizuführen oder Probleme in Deiner Familie aufzudecken, und die Leute anfangen zu bemerken, dass etwas an Dir anders ist, kann es sein, dass Du von Familientreffen ausgeschlossen wirst oder keine Einladungen erhältst.

Das Ironische daran ist, dass Du vielleicht sogar Ärger bekommst, weil Du nicht teilnimmst, obwohl Du nicht eingeladen wurdest. Das ist eine echte Lose-Lose-Situation. Vielleicht hat man Dir gesagt, dass Du keine Einladung brauchst und so weiter. Wenn Dir das bekannt vorkommt, dann ist das auch eine typische Sündenbock-Situation.

· · ◆ ● ● · ● ● ◆ · ·

Der Ruf wird ruiniert

Deine Familie könnte versuchen, Menschen außerhalb der Familie gegen Dich aufzubringen, auch bei der Arbeit. Sie werden Maßnahmen ergreifen, um sicherzustellen, dass Du keine Unterstützung von außen erhältst, damit Dir nicht geglaubt wird und sie mit ihrer

Situation unverändert fortfahren können. Sie werden versuchen, jede Glaubwürdigkeit, die Du hast, zu zerstören, einschließlich deines Ansehens in der Gesellschaft.

Weil Du die Wahrheit sagst und eine Bedrohung für dieses System bist, werden sie versuchen, Dich zu unterdrücken und zum Schweigen zu bringen. Dazu gehört auch, andere davon zu überzeugen, dass Du nichts taugst, dass man Dir nicht vertrauen kann und dass Du nichts Gutes im Schilde führst. Und das in aller Öffentlichkeit.

$$\bullet \; \bullet \; \bullet \; \bullet \; \bullet \; \bullet \; \bullet \; \bullet \; \bullet \; \bullet$$

Wenig oder kein Lob

Wenn Du der Sündenbock der Familie bist, hörst Du selten, dass Du gute Arbeit geleistet hast. Du bekommst nie Lob oder Anerkennung, Du sollst es geben, aber Du bekommst es nicht.

Als ich sechs Jahre alt war, lebten meine Familie und ich in Kalifornien und ohne ein Wort Englisch zu können, wurde ich auf eine englische Schule geschickt. Am Ende des ersten Schuljahres wurde ich versetzt und hatte einen Notendurchschnitt, der in Deutschland etwa eine Drei wäre. Meine Mutter kritisierte mich wütend. Es hätte auch eine Eins oder Zwei sein können.

Ein Scapegoat erreicht oft mehr, als man ihm nach seiner Kindheit zugetraut hätte. Trotz allem, was man durchgemacht hat, erreicht man oft etwas in der Karriere, in der Familie und anderswo, aber das wird nicht anerkannt.

Für Erfolge erfährst Du keine Begeisterung oder Ermutigung, manchmal wirst Du sogar verspottet. Man sagt dir, dass Du nicht gut genug bist, oder Deine Leistungen werden einfach nicht anerkannt.

• • • ● • ● • • •

Ich wurde von meiner Mutter kritisiert, wenn ich keine guten Noten hatte, und bestraft, wenn ich gute Noten hatte. Ich wurde kritisiert, weil sie eifersüchtig war und wenn ich keine guten Noten hatte, wurde sie von meinem Vater kritisiert, also wurde sie auch deshalb wütend.

Es ist verstörend, wenn Deine Leistungen nicht anerkannt werden. Wenn man nicht anerkannt wird, kann man das Gefühl bekommen, dass man nicht existiert oder dass das, was man getan hat, nicht wichtig ist. Sündenböcke berichten manchmal, dass sie auf einer sehr grundlegenden Ebene das Gefühl haben, nicht wirklich da zu sein, nicht wirklich zu existieren.

Dieses Gefühl, nicht wirklich zu existieren, kenne ich selbst sehr gut. Wenn Dir das bekannt vorkommt, dann ist das auch ein Teil des Sündenbockdaseins.

• • • ● • ● • • •

Sündenbock und Double-Bind

Die größte Gefahr für den Sündenbock in einer dysfunktionalen Familie ist, dass er mit der Zeit den Verstand verliert, also in eine Psychose abrutscht. Denn der Sündenbock lebt in einem Double-bind, und solange dieser Double-bind nicht durchbrochen wird, wirkt er - wie Gregory Bateson gezeigt hat - krankmachend. Sehr krankmachend.

Ein Double-Bind ist eine Kommunikationssituation, in der eine Person widersprüchliche Botschaften erhält, die beide erfüllt werden sollen, sich aber gegenseitig ausschließen. Die betroffene Person kann also, egal wie sie sich verhält, eine der Botschaften nicht erfüllen und gerät dadurch in einen psychischen Konflikt.

Das Konzept wurde insbesondere von dem Psychologen Gregory Bateson in den 1950er Jahren entwickelt. Es wird häufig in der Analyse zwischenmenschlicher Kommunikation und in der Psychotherapie verwendet.[2]

• • • ● • ● • • •

Merkmale eines Double-Binds:

1. Widersprüchliche Botschaften: Es gibt zwei oder mehr Aussagen, die im Widerspruch zueinander stehen.

2. Beziehungsabhängigkeit: Der Sender der Botschaften hat eine emotionale oder hierarchische Bedeutung für die empfangende Person.

3. Unmöglichkeit des Entkommens: Die betroffene Person kann die Situation nicht einfach verlassen oder ignorieren.

4. Doppelbödigkeit der Kommunikation: Es gibt häufig eine Diskrepanz zwischen dem, was explizit gesagt wird (verbal), und dem, was nonverbal oder implizit kommuniziert wird.

· · · ● · ● · · ·

Die Double-Bind-Situation des Sündenbocks basiert auf folgenden widersprüchlichen Botschaften. Du bist Teil einer Familie. Eltern wollen immer nur das Beste für ihr Kind. Sie tun immer das Beste, was sie tun können. Der zweite Teil der Botschaft sind all die oben beschriebenen Verhaltensweisen, die NICHT das Beste für das Kind sind.

Die offizielle Definition verhindert also, dass der Sündenbock wirklich sieht, was vor sich geht. Was wirklich real ist.

Das ist für den Sündenbock so gefährlich, weil das Gehirn nur dann zu handeln beginnt, wenn wir etwas als "real" erleben können, als etwas, das uns wirklich und tatsächlich bedroht. Ob diese Bedrohung nun in der Fantasie entstanden ist oder nicht, aber *bevor wir handeln, muss etwas als real erlebt werden.*

Für den Sündenbock ist es sehr schwer, als real zu akzeptieren, dass die Familie nicht das Beste für ihn oder sie will. Es ist nicht wahr, dass die Familie immer das Beste für einen will, das ist ein Mythos. Aber es ist ein Mythos, der von der Gesellschaft unterstützt wird.

Deine Familie will vielleicht nicht das Beste für dich, weil dein Erfolg bei ihr negative Gefühle wie Unsicherheit, Eifersucht oder Neid auslösen könnte. Wie wir gesehen haben, will die Sündenbock-Familie NICHT, dass der Sündenbock Erfolg hat. Dafür gibt es viele Gründe, nicht nur Neid.

Gregory Bateson, der Entwickler der Double-Bind-Theorie, argumentierte, dass Psychologen dazu neigen, psychische Probleme als individuelle Probleme zu betrachten. Psychologie ist die Lehre vom individuellen Verstand, und bis heute neigt die Psychologie dazu, psychische Störungen als Krankheiten zu behandeln, als körperliche

Krankheiten, die sich zufällig im Verstand manifestieren. Dies übersieht die Familiendynamik, die zu diesen Problemen führt.

• • • ● ● ● ● • • •

In einer dysfunktionalen Familie ist es sehr oft der Sündenbock, der die psychischen Symptome der anderen Familienmitglieder zeigt, die ebenfalls schwer krank sind.

• • • ● ● ● • • •

Abbildung 4: Das Sündenbockkind lebt zwischen Wahrheit und Lüge.

Ist das eigene Verhalten den Eltern bewusst?

Die Vorstellung, dass Eltern, die ihre Kinder verletzen, psychisch manipulieren oder quälen, nicht wissen, was sie tun, ist weit verbreitet. Und viele Kinder oder auch Helfer werden dadurch am Handeln gehindert. Oft wird angenommen, es handele sich um unbewusstes Verhalten - ein Mythos, der wie gesagt kaum verbreiteter sein könnte.

Ein Mythos mit gefährlichen Folgen für das Kind, das zum Sündenbock gemacht wird. Denn er lädt den Sündenbock und das Umfeld des Sündenbocks dazu ein, die unterdrückte Wut des Sündenbocks weiter zu unterdrücken - denn die armen Eltern können ja nichts dafür. Sie haben in Wirklichkeit unbewusst gehandelt, also sind sie unschuldig, also dürfen sie nicht beschuldigt werden, der Sündenbock bleibt in seiner Identität und dem damit verbundenen Freeze-Zustand gefangen.

Es ist wichtig zu wissen, dass die Eltern in der Regel wissen, was sie tun und daher die volle Verantwortung tragen. Die Wut des Sündenbocks muss und kann im Heilungsprozess nicht mehr unterdrückt werden. Die Erwachsenen tun es bewusst und es ist real, was sie tun. Es ist identifizierbar, es ist benennbar.

• • • ● • ● • ● • •

Wenn Du also unsicher bist, was die Absicht Deiner Eltern war, als sie Dir in der Kindheit oder im Erwachsenenalter Schmerzen zugefügt haben, könnte dieser Abschnitt Dir dabei helfen.

Es deutliche Anzeichen, die zeigen, inwiefern sich Eltern des Missbrauchs bewusst sind und damit umgehen:

- **Geheimhaltung des Missbrauchs:** Die Eltern wissen, dass ihr Verhalten inakzeptabel ist und versuchen, es geheim zu halten. Ein Beispiel dafür ist, wenn sie dem Kind sagen: "Du erzählst niemandem, was hier vor sich geht". Das zeigt, dass sie wissen, dass es Konsequenzen hätte, wenn die Gesellschaft wüsste, was zu Hause vor sich geht.

- **Bewusstsein für das eigene Fehlverhalten:** Ein anderes Beispiel ist, wenn eine Mutter sagt: "Ich weiß, dass ich Dich und Deine Schwester wie Tiere behandelt habe". Dies zeigt, dass sie sich ihrer eigenen schlechten Verhaltens bewusst ist, auch wenn sie es dem Kind gegenüber ohne viel Gefühl äußert.

- **Freude am Zufügen von Schmerzen:** Ein drittes Beispiel zeigt, dass Eltern Freude daran haben, ihrem Kind Schmerzen zuzufügen. Ein Beispiel ist, wenn jemand beobachtet, wie die Mutter Freude in ihrem Gesicht zeigt, wenn das Kind weint. Solche Menschen, die Freude daran haben, anderen Schmerzen zuzufügen, sind äußerst gefährlich.

- **Erinnerung an Misshandlung:** Ein weiteres Beispiel dieses Typs ist, wenn sich jemand an eine Situation erinnert, in der er sich gegen die Misshandlung gewehrt hat und die Eltern dabei grinsen. Dieses "kranke Grinsen" zeigt, dass sie den Schmerz und die Misshandlung tatsächlich genießen. Es ist eine Art negativer Erregung, die schwer zu ertragen ist.

- **Verlockung und Manipulation:** Ein anderes Beispiel sind Gespräche, die wie ein Spiel des Wahnsinns anmuten. In einem Fall, den ich erlebt habe, kam das Thema Essen immer wieder auf. Obwohl ich als Erwachsene die Kontrolle über mein Essen hatte und sagte, dass ich keinen Hunger habe, versuchte die Person immer wieder, mich zum Essen zu zwingen. Dieses Hamsterrad des Wahnsinns zeigte, wie tiefgreifend und manipulativ solche Verhaltensweisen sein können.

$$\bullet \; \bullet \; \bullet \; \bullet \; \bullet \; \bullet \; \bullet \; \bullet \; \bullet \; \bullet$$

- **Mangel an persönlicher Verantwortung:** Eine weitere Kategorie betrifft Erwachsene, die keine persönliche Verantwortung tragen. Beispiele hierfür sind: "Ich bin so erzogen worden, also kümmere Dich darum." "Ich weiß, dass ich diese Dinge tue, aber ich kann nicht anders." "Ich weiß, dass es falsch ist, was ich getan habe, aber Du hast mich dazu gezwungen." Diese Beispiele verdeutlichen den Mangel an Verantwortung und Reue, den diese Personen zeigen.

- **Das Recht auf Verletzung:** Der Glaube, dass ein Elternteil das Recht hat, sich verletzend zu verhalten, nur weil es der Vater oder die Mutter ist. Ein Beispiel für diese Einstellung ist der Satz: "Ich bin dein Vater, also habe ich das Recht, mich so zu verhalten, auch wenn es Dir weh tut".

• • • ● • ● • • •

Diese Menschen haben sich entschieden, so zu handeln und *sind sich dessen bewusst.* Sie legen Wert auf Geheimhaltung und das Verbergen von Missbrauch und Schmerz.

Sie haben nicht die Absicht, sich zu ändern.

• • • ● ● • ● ● • • •

1. Andersen, 1887

2. Bateson, 1972

DIE IDENTITÄT DES SÜNDENBOCKS

In kranken Familien heißt der Sündenbock mit offiziellem Namen "Indexpatient" oder auch "indizierter Patient", aber der Begriff "Sündenbock" ist plastischer und macht deutlicher, worum es geht. Deshalb habe ich mich für diesen Begriff entschieden. Den Übergang von der Sündenbockrolle zum de facto indizierten Patienten werde ich in diesem Kapitel erläutern.

Wenn jemand in einer sozialen Gruppe zum Sündenbock gemacht wird, steht er vor einer klaren und bereits mehrfach beschriebenen Wahl: Entweder er passt sich sofort an, um Konflikte zu vermeiden, oder er riskiert, ausgegrenzt und als Problem wahrgenommen zu werden.

Der Sündenbock muss, wie dargestellt, mitspielen, sonst wird er isoliert.

• • • ● • ● • ● • • •

Einer der Gründe, warum, wie gesagt, die Sündenbockrolle so schwer aufzulösen ist, liegt darin, dass die Annahme der Sündenbockrolle für das Kind bedeutet, nicht völlig isoliert zu sein.

Die Konsequenz für diejenigen, die sich anpassen, ist nicht einfach die Aufgabe der eigenen Persönlichkeit, sondern der Verlust des Selbst. Dies führt dazu, dass er sich in der Gruppe nicht wirklich sicher fühlt, da sie eine gesunde Form der Sicherheit gegen eine andere Form der (Pseudo-) Sicherheit eintauschen.

Das ist die Wahl: Entweder man verliert sich selbst oder man wird zum Außenseiter.

Weder die Rolle des Sündenbocks noch die Rolle des "goldenen Kindes" in einer Familie oder Gruppe bieten wirkliche Sicherheit. Es sind nur verschiedene Formen der Unsicherheit. Wer eine dieser Rollen (oder Identitäten, wie ich gleich zeigen werde) übernommen hat, trägt sowohl die Angst vor dem Gegenteil als auch den Schmerz der eigenen Entscheidung in sich.

· · · ● · ● · · · ·

Das Sündenbockkind hat praktisch keine andere Möglichkeit, die chronischen Beschimpfungen und Schuldzuweisungen zu verarbeiten, als zu glauben, dass es selbst das Problem ist - und daraus Schlüsse zu ziehen, die sich als lebenslang einschränkende Überzeugungen erweisen.

Aus der Sicht des Kindes muss eine Erklärung innerhalb des kindlichen Weltbildes gefunden werden, die es ihm ermöglicht zu verstehen, warum die Erwachsenen so chronisch gemein, wütend und abwertend sind.

Da Kinder selbstbezogen sind, erlaubt ihr Gehirn noch keine komplexeren Erklärungen als: Ich bin das Problem. Die anderen sind in Ordnung (so wie die Eltern, die während der Kindheit die Deutungshoheit über die Realität des Kindes haben, es ihm immer und immer wieder erklären).

Wenn das Kind schließlich groß ist (und auch schon vorher) ist die Rolle des Sündenbocks sehr häufig zur Identität des Individuums geworden.

$$\bullet \; \bullet \; \bullet \; \bullet \; \bullet \; \bullet \; \bullet \; \bullet \; \bullet \; \bullet$$

Identitäten

Der Begriff "Identifikation" stammt aus dem Lateinischen. "Idem" bedeutet "dasselbe" und "facere" bedeutet "machen". Identifikation bedeutet also wörtlich "gleichmachen".

In der Psychologie versteht man darunter allgemein den Vorgang, sich in eine andere Person hineinzuversetzen und deren Ideen, Gefühle, Vorstellungen, Meinungen, Einstellungen usw. bewusst oder unbewusst als die eigenen zu übernehmen. Das bedeutet, dass man sich zumindest in Teilaspekten mit der anderen Person identifiziert.

Die wichtigste Form der Identifikation, die wir kennen, ist die Gleichsetzung mit einer Aussage über sich selbst, sei es durch andere oder durch sich selbst, auf der Ebene der Identität.

Mit bestimmten Definitionen dessen, was "ist", mit der Gleichsetzung von Erfahrung und Beschreibung; mit der Gleichsetzung von Beschreibung und Interpretation; mit der Gleichsetzung eines Wortes mit einer einzigen Bedeutung usw.

Der Prozess der Dis-Identifikation bedeutet, dass man sich selbst nicht mehr gleichsetzt, dass man sich als ein Selbst erfährt, das von den Zuschreibungen unabhängig ist. Man beginnt, sich von Identitäten zu lösen.

· · · ● · ● · · ·

Was sind Identiäten?

Hier ein erstes Beispiel, um sich dem Begriff zu nähern.

Stellen wir uns einen Mann vor, der morgens aufwacht und als erstes seinen drei kleinen Söhnen begegnet. Er fordert sie auf, sich ordentlich die Zähne zu putzen, sich schnell anzuziehen und das Zimmer aufzuräumen. Indem er die väterliche Rolle übernimmt, aktiviert er die Identität "Vater sein".

Nach dem Frühstück umarmt er seine Frau an der Haustür, bevor er zur Arbeit geht - in diesem Moment realisiert er die Identität "Ehemann".

Beim Autofahren erkennt er seine Identität als "Autofahrer". Bei der Arbeit angekommen, setzt er sich an den Computer und zeichnet einen Entwurf für ein Haus - jetzt ist die Identität "Architekt" aktiv.

Nach der Arbeit geht er vielleicht noch in seine Stammkneipe und trinkt mit seinen Freunden ein Glas - das ist die Identität "Kumpel". In jedem dieser Kontexte denkt er anders, fühlt er anders, verhält er sich anders im Rahmen der gerade aktiven Identität. Jede dieser Identitäten unterscheidet sich von den anderen. Jede Identität kann völlig unterschiedliches Verhalten, Denken und Fühlen hervorbringen. Es ist, als ob jemand buchstäblich jemand anderes "ist".

Identitäten im weitesten Sinne sind wie Rollen.

· · · ● ·● ● · · ·

Identitäten sind wie Masken. Hinter jeder Identität verbirgt sich das "wahre Du", das Selbst. Identitäten sind das, was der Schauspieler auf der Bühne zeigt. Er ist nicht seine Rolle, er spielt sie - im wirklichen Leben oft unbewusst. Identitäten können so sehr zur zweiten Natur geworden sein, dass man sich ihrer überhaupt nicht bewusst ist.

Identitäten nehmen wir als das wahr, was wir "sind". Sie sind das "Ich", das wir in bestimmten Situationen benutzen. Typische

Identitäten sind: Vater, Mutter, Ehemann, Ehefrau, Geschäftsmann, Lehrer usw.

Identitäten sind nicht nur Berufe. Alles, was wir tun, setzt eine Identität voraus. Wenn wir Auto fahren, haben wir in diesem Moment eine Identität als Autofahrer. Bevor wir etwas tun können, müssen wir etwas sein (eine Identität entwickelt haben).

Im Alltag wechseln wir diese Identitäten je nach Bedarf oder Kontext. Dieser Wechsel geschieht automatisch und oft unbewusst. Die meisten Mütter denken nicht bewusst darüber nach, welche Identität sie annehmen müssen, wenn sie "Mutter" sind. Und der Mann, der mit seiner Mutter telefoniert, weiß automatisch, wie er sich als "Muttersohn" zu verhalten hat.

Eine Identität ist wie ein Energiefeld. In einer Identität sind Überzeugungen, Gefühle und Verhaltensweisen zu einem "Feld" verwoben, das, wenn es einmal aktiv ist, die Person zu bestimmten Verhaltensweisen befähigt, manchmal sogar in gewisser Weise "zwingt".

· · · ● · ● · ● · · ·

Identitäten bestehen aus mehreren Komponenten. Die wichtigsten sind:

- der Zweck oder die Funktion der Identität, der Standpunkt oder die Sichtweise, die diese Identität vermittelt

- und die Glaubenssätze, Gefühle und Verhaltensweisen, die durch die Identität aktiviert werden.

• • • ● • ● • • •

Die Sichtweise, die eine Identität vermittelt, ist die Sichtweise auf die Welt, die wir einnehmen, wenn eine Identität aktiv ist.

Und die Verhaltensweisen sind die, die wir zeigen, wenn eine bestimmte Identität aktiv ist. Dasselbe gilt für die Gefühle, die wir dann empfinden. Dazu gehören alle nonverbalen Verhaltensweisen wie Körperhaltung, Ausstrahlung, Bewegung, Lachen, Sprache und Stimme. Der Unterschied, den Menschen hier zeigen, je nachdem, welche Identität gerade aktiv ist, kann beträchtlich sein.

Identitäten beinhalten die Werte, die eine Person in einem bestimmten Kontext lebt. Sie setzen Maßstäbe dafür, was richtig und was falsch ist.

Unterschiedliche Identitäten wie "Autofahrer", "Architekt" und "Vater" aktivieren nicht nur unterschiedliche Verhaltensweisen, sie können auch sehr unterschiedliche Werte aktivieren. Ein Architekt kann menschlich und modern sein, solange er ein Gebäude entwirft. Er kann konservativ und autoritär sein, wenn er seine Söhne erzieht.

Verhaltensweisen, die in der einen Identität erlaubt sind, können in einer anderen Identität verboten sein.

• • • • ●•● ● •• •

Identitäten bestimmen mit, was als "real" und was als "Illusion" wahrgenommen wird. Die materialistisch-medizinische Identität zum Beispiel, zu der die allermeisten westlichen Ärzte während ihres Studiums erzogen werden, erlaubt nur sehr begrenzt, den Einfluss des Geistes bei der Heilung des Körpers wahrzunehmen, während die von Schamanen entwickelten Identitäten "Wunderheilungen" möglich machen.

Identitäten beeinflussen auch den inneren Dialog des Menschen.

Und das ist eine der wichtigsten Funktionen von Identitäten: Sie liefern eine Beschreibung der Realität. Das ständige Plappern des inneren Dialogs definiert, was man sieht und was nicht, was man hört und was nicht, was man fühlt und was nicht, welche Entscheidungen man treffen kann und welche nicht. Wenn Identitäten einmal aktiviert sind, ist es in der Regel schwierig, sie wieder abzuschalten. So können Identitäten Menschen daran hindern, neue Erfahrungen zu machen.

Indem sie Aufmerksamkeit lenken, schaffen Identitäten das, was wir als persönliche Realität erfahren.

Identitäten wirken wie ein Filter für das, was ein Mensch wahrnehmen kann und will - ein sehr wirksamer Filter.

• • • ●•●● • •

Auch kognitive Fähigkeiten können als Identitäten beschrieben werden. Wenn ein Kind seine Muttersprache lernt, entwickelt es eine bestimmte Identität. Wie prägend diese Identitäten sein können, zeigt sich daran, wie schwierig es sein kann, neben der Muttersprache eine weitere Sprache zu erlernen. Auch Fähigkeiten wie Entscheidungsfähigkeit werden erlernt und sind somit Identitäten. Der Umgang mit Gedanken, Gefühlen, Beziehungen, all das wird durch Identitäten geregelt.

Identitäten eröffnen und begrenzen Möglichkeiten, sie regeln die Erreichbarkeit von Zielen. Sie bestimmen unser Einkommen.

Sie beeinflussen den Aufbau unseres Körpers, wie gesund oder wie krank wir sind, letztlich auch, wie alt wir werden (können). Identitäten bestimmen auch, wie stressanfällig wir sind.

Identitäten bestimmen, ob wir uns an neue Umstände anpassen können oder nicht. Je fixierter eine bestimmte Identität ist, je tiefer die emotionale Verpflichtung, an dieser Identität festzuhalten, desto größer kann die Katastrophe sein, wenn sich die Umwelt schneller ändert, als die alten Identitäten modifiziert oder gar aufgegeben werden können. Ein Beispiel im individuellen Leben sind Berufe, die durch die technische Entwicklung überflüssig geworden sind oder praktisch von Grund auf neu erlernt werden mussten.

Es gibt individuelle Identitäten, aber auch sehr viele kollektiv geteilte Identitäten. Kollektiv geteilte Identitäten werden auch als "Kultur" bezeichnet. Das Ausmaß, in dem man sich einer bestimmten familiären oder gesellschaftlichen Kultur verpflichtet fühlt, ist das Ausmaß, in dem man sich mit dieser Kultur identifiziert.

Identitäten bestimmen, wie bestimmte Signale innerhalb einer Kultur interpretiert werden können oder müssen. Identitäten bestimmen, ob Gruppen zusammenhalten oder zerbrechen, ob Gesellschaften funktionieren oder untergehen.

• • • ● • ● • • • •

Die Entstehung von Identitäten

Identitäten entstehen, indem das Selbst Energie delegiert.

Man lernt Golf spielen, weil man seine Aufmerksamkeit auf das Golfspiel richtet und nicht auf das Schachspiel. Aufmerksamkeit ist Energie und das, worauf wir unsere Aufmerksamkeit richten, erhält Energie. Eine Identität ist letztlich verdichtete Aufmerksamkeit. Sie steuert, worauf wir unsere Aufmerksamkeit richten.

Wenn Menschen eine Erfahrung machen, interpretieren sie sie und fassen sie in Worte, sie definieren sie. Sie schaffen Bedeutung, und diese

Bedeutung kann angemessen oder unangemessen sein. Angenommen, jemand geht zum Militär, dann macht er bestimmte Erfahrungen, die er vielleicht in dem Satz zusammenfasst: "Ich bin Soldat". Menschen reagieren auf Reize, auf Worte und Symbole, die eine Bedeutung haben.

• • • ● • ● • • •

Identitäten heißen Identitäten, weil wir uns mit einer Definition und deren Bedeutung identifizieren. Mit anderen Worten: Identitäten entstehen, wenn wir einem bestimmten äußeren oder inneren Ereignis eine Bedeutung zuschreiben und auf diese Bedeutung reagieren. Ohne die menschliche Fähigkeit, Ereignissen, Signalen etc. Bedeutung zuzuschreiben, gäbe es keine Identitäten. Und "Bedeutung" ist auf der vorsprachlichen Ebene ein Gefühl. An der Wurzel jeder Identität steht also immer ein Gefühl.

Es geht darum zu erkennen, dass Identitäten Werkzeuge sind, die vom Selbst geschaffen werden, die aber auch abgelegt werden können, wenn sie nicht mehr gebraucht werden. Mit dieser Einsicht beginnt das, was die Weisen Erleuchtung, höheres Bewusstsein oder "zweite Aufmerksamkeit" nennen. Es ist die umfassende, tief verändernde Erkenntnis, dass wir nicht das sind, was wir erschaffen haben. Diese Erkenntnis wird oft von einem Gefühl der Befreiung, der Liebe, der Offenheit usw. begleitet.

• • • ● • ● • • •

Identitäten entstehen, weil sie gebraucht werden, und sie werden gebraucht, um zu überleben. Alle Identitäten dienen dem Überleben. Die Aufgabe einer Identität ist also in gewisser Hinsicht immer bedrohlich.

· · · ● · ● · ● · · ·

Der Überlebensinstinkt treibt Menschen und Tiere an, sich mit Energie und Nährstoffen zu versorgen, sich fortzupflanzen (also Sexualität) und Nachkommen aufzuziehen.

Der Überlebensinstinkt sorgt auch für den unbedingten Wunsch von Herdentieren - und der Mensch ist ein solches "Tier" -, zu irgendeiner Form von "Herde" zu gehören.

Auch wenn scheinbar andere Ziele im Vordergrund stehen, ist das ultimative Ziel jeder Identität immer das Überleben der Person. Das gilt auch für Hobbys. Hobbys bringen Spaß und Freude, und wer das erlebt, ist psychisch gesünder als Menschen ohne Glücksgefühle, das lässt sich bis in die Biologie nachweisen.

Das Selbst liefert die Energie für die Identitäten, die der Mensch schafft, um sein Überleben zu sichern. Das Selbst delegiert, metaphorisch gesprochen, Energie an die Identitäten, um Verhalten ökonomisch einsetzen zu können.

· · · ● · ● · ● · · ·

Wenn Energie in einem bestimmten Bereich an die jeweilige Identität delegiert wird, können wir mehr Dinge gleichzeitig tun und haben den Kopf frei, um uns auf etwas Neues oder Wichtiges zu konzentrieren. Dies erhöht die Überlebenschancen des Individuums.

Identitäten geben uns ein Gefühl von Kontinuität und ermöglichen es uns, von anderen auf eine bestimmte Art und Weise wahrgenommen zu werden. Sie ermöglichen auch eine gewisse Vorhersagbarkeit menschlichen Verhaltens, die sowohl für das Funktionieren einer Gesellschaft als auch für das Funktionieren privater Beziehungen von grundlegender Bedeutung ist.

Es gäbe keine gesunden Beziehungen, wenn unser Verhalten nicht in gewisser Weise vorhersehbar wäre, wenn der Partner sich nicht darauf verlassen könnte, dass man abends in gewissen Grenzen noch derselbe ist, den man morgens verlassen hat, um zur Arbeit zu gehen. Eine Gesellschaft ist darauf angewiesen, dass Identitäten wie "Müllmann", "Krankenschwester", "Bäcker", "Notarzt", "Kindergärtnerin" usw. mit allen dazugehörigen Verhaltensweisen von den jeweiligen Individuen über einen längeren Zeitraum stabil immer wieder aktiviert werden können. Oder müssen.

• • • ● • ● ● • •

An dem Tag, an dem man eine völlig neue Identität annimmt (und das ist möglich), zeigt man der Gesellschaft, dass man sich verändert hat. Da dies nicht immer positiv oder gern gesehen wird, ist eine häufige Reaktion darauf: "Was glaubst du, wer Du bist?"

• • • ● • ● • • • •

Die Sündenbockidentität

Dem Sündenbock-Dasein liegt eine Identität zugrunde. Es ist keine positive, ermächtigende Identität, sondern eine "negative Identität". Sie entsteht durch die Interaktion des Kindes mit der Sündenbockfamilie. Diese Identität entwickelt sich in mehreren Stufen.

Die Zielperson, der spätere Sündenbock, wird oft schon in der frühen Kindheit zum Sündenbock gemacht. Das Kind wehrt sich eine Zeit lang gegen die Zuschreibungen und Schuldzuweisungen. Das führt zu heftigen Kämpfen. Denn wie gesagt, die anderen Familienmitglieder brauchen den Sündenbock und sind als Gemeinschaft meist stärker als der Einzelne.

In einem ersten Schritt akzeptiert also das bisher gesunde Kind (oder Gruppenmitglied), dass es als "Problem" der Gruppe gesehen wird und beginnt, sich selbst aus dieser Perspektive zu betrachten. Es verinnerlicht die Perspektive der anderen. Es macht sie zu seiner eigenen Sichtweise und damit zu seiner eigenen Identität.

So hört es in einem zweiten Schritt auf, sich zu wehren, und das ist erwünscht. In dem Moment, in dem man sich nicht mehr gegen diese Sichtweise wehrt und die eigene Rolle in der Gruppe akzeptiert, hört die Gruppe zumindest teilweise auf, einen aktiv zu bekämpfen.

Der dritte Schritt ist, dass der Rest der Familie oder Gruppe in die Rolle des Helfers oder Retters gerät. Sie beginnt, ihre ungelösten Probleme auf andere Weise zu vermeiden, indem sie sich als Helfer oder "Reparierer" des Sündenbocks sieht.

Nun, da erkannt wurde, was und wer das Problem ist, beginnen die Führer der Gruppe, in diesem Fall die Eltern, das Problem zu beheben. Der Sündenbock wird zum "identifizierten Patienten" der Gruppe.

· · · ● ● · ● ● · ·

Da der Sündenbock nun offiziell - und auch von der Umwelt anerkannt - "das Problem" ist, konzentrieren sich die Gruppenmitglieder darauf, den Sündenbock zu "heilen", um sich selbst als gute Menschen zu fühlen und so den eigenen Schmerz zu vermeiden. Sie erzeugen also Schmerz beim Sündenbock, schreiben ihm ihre eigenen Unzulänglichkeiten zu und versuchen dann, diesen Schmerz zu heilen.

Nun befinden sie sich im Drama-Dreieck in der Rolle des guten Retters. Die Rollen sind klar verteilt. Der Sündenbock ist der Täter, einige Familienmitglieder sind die Opfer des Sündenbocks und die guten und einfühlsamen Familienmitglieder versuchen, den Sündenbock zu "heilen" und finden sich in der angenehmen Position des Retters wieder. Der Sündenbock spielt mit. Oder wird zum Mitspielen gezwungen.

· · · · ● · ● · · · ·

Für Geschwister und Eltern bedeutet das: Nicht nur, dass ich Dich gerade zu einem Problem gemacht habe, jetzt werde ich auch noch meine eigenen ungelösten Probleme verdrängen, indem ich zu Deinem Problemlöser werde. Und jetzt, nachdem ich das gesagt habe, bin ich definitiv für Dich da. Ich sehe, dass Du Probleme hast, ich erkenne sie an, wir können sicher einen Arzt finden, der Dir helfen kann, denn Du hast die ganze Zeit so viele Schmerzen.

In dieser Atmosphäre des Nicht-Widerstands gegen die projizierte schreckliche Identität und die zugeschriebenen Verantwortlichkeiten können die Mitglieder der sozialen Gruppe vermeiden, ihr Verhalten zu ändern und folglich ihre ungelösten Probleme weiterhin nicht zu sehen. Sie tun dies, indem sie sich in diesem Moment als Heiler oder Reparateur des Sündenbocks sehen. Und von nun an wird der Sündenbock zum "Indexpatienten".

Das ist der Übergang. Er hat diese Rolle angenommen, um nicht völlig isoliert zu sein. Er hat die Identität des Sündenbocks angenommen. Er zeigt die Symptome, die ihn eindeutig als Sündenbock identifizieren. Die Gruppe atmet auf. Wir sind die Guten. Wir sind eine glückliche Familie. Aber da drüben, ja da gibt es ein Problem.

Ab jetzt lebt der Sündenbock. Sie bekommt eine Essstörung, er wird vielleicht kriminell. Der Sündenbock wiederholt die pathologischen Muster seiner Herkunftsfamilie und glaubt. So bin ich. Das ist meine Persönlichkeit. Ich bin irgendwie gescheitert.

· · · ● · ● · ● · · ·

Identitäten, Glaubenssätze und Verhalten

Viele Symptome eines Sündenbockkindes beruhen auf der Sündenbockidentität - auf Zuschreibungen, die gemacht wurden, um das Kind in die Sündenbockrolle zu drängen.

Es ist wichtig zu wissen, dass alles, was in eine Identitätsbotschaft verpackt wird, auf das Gehirn wie ein hypnotischer Befehl wirkt. Wenn jemand chronisch hört: "Du bist dumm", dann wirkt das auf das kindliche Gehirn wie ein Befehl, sich dumm zu verhalten.

Erlebte - und dem Therapeuten berichtete - Symptome sind jedoch häufig. Problemverhalten wie: ständig krank werden, Sucht, aggressives Verhalten, selbstzerstörerisches Verhalten etc.

Die Frage ist also, wie man vom Verhalten ausgehend die entsprechende Sündenbock-Identität findet.

Um diese Frage beantworten zu können, verwende ich das Modell der logischen Ebenen von Robert Dilts.

Das Modell der logischen Ebenen

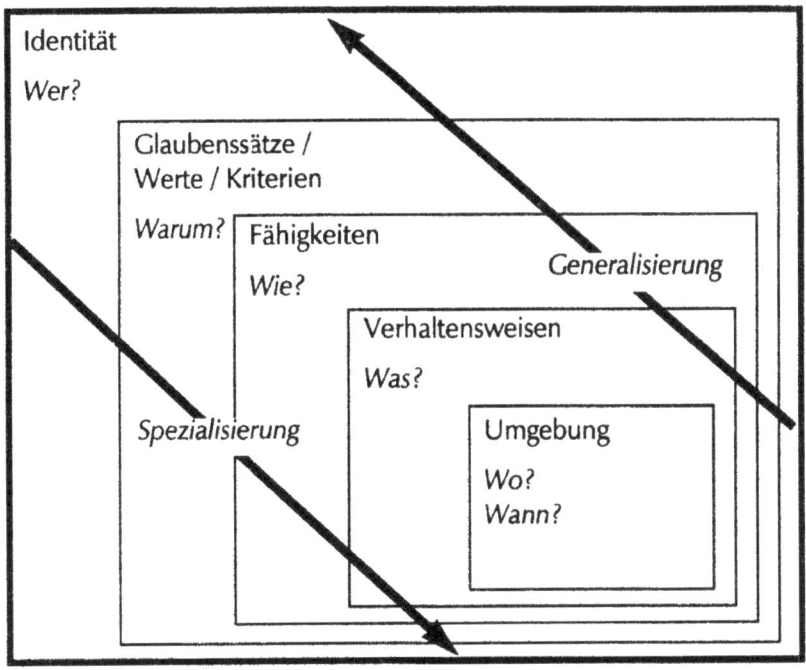

Abbildung 5: Das Modell der logischen Ebenen von Robert Dilts.

Das Modell der logischen Ebenen von Robert Dilts beschreibt eine hierarchische Struktur, die verschiedene Ebenen menschlicher Erfahrung und Entwicklung unterscheidet. Es hilft, Veränderungsprozesse zu verstehen und gezielt auf verschiedenen Ebenen anzugehen. Die Ebenen sind:

- Umwelt : Wo und wann findet Verhalten statt? (äußere Umstände)

- Verhalten : Was tut die Person? (konkrete Handlungen)

- Fähigkeiten : Wie macht die Person es? (Fähigkeiten, Strategien)

- Überzeugungen und Werte : Warum tut die Person es? (Überzeugungen, Motivationen)

- Identität : Wer ist die Person? (Selbstbild, Rolle)

- (Spiritualität/Mission : Wofür ist die Person da? (Sinn, Zugehörigkeit zu einem größeren Ganzen))

• • • ● ● ● ● • • •

Höhere Ebenen beeinflussen niedrigere Ebenen. Veränderungen auf höheren Ebenen, wie Identität oder Überzeugungen, haben tiefgreifende Auswirkungen auf das Verhalten und die Umwelt. Umgekehrt ist es sehr schwierig, wenn nicht unmöglich, das Verhalten zu ändern, wenn dieses Verhalten im Widerspruch zur Identität in einem bestimmten Kontext steht.

Sündenbock-Kinder haben oft das Gefühl, dass ihr Verhalten irgendwie fremdgesteuert ist. Sie folgen einer Identität, die ihnen nicht mehr bewusst ist, die ihnen aber verbal vermittelt wurde. Das problematische Verhalten ist die Folge der zugeschriebenen Identität. Mit Hilfe des Modells von Robert Dilts kann das Verhalten bis zur Identität zurückverfolgt werden. Wer hat, das ist die zentrale Frage, eine Zuschreibung der Form "Du bist..." gemacht, die nun das Verhalten auslöst?

Zu dieser Frage werde ich ab Ende Oktober 2024 eine kostenlose Meditation zum Download auf der Seite https://jochims-buecher.de/suendenbock/ anbieten. Das Passwort lautet: Suendenbock558

• • • ● • ● • ● • • •

Die Stressreaktionen des Sündenbocks

Wenn die Kontrolle und Unterwerfung unter eine bestimmte Narration und somit die Herausbildung der Sündenbock-Identität das Ziel ist, ist die soziale Isolation, die chronische Beschämung, das Gaslighting, die Wutanfälle, sobald die Haustür geschlossen ist, die Methode. Das psycho-physiologische Ziel (bewusst oder unbewusst) ist der Freeze-Zustand. Der Stresszustand der Unterwerfung.

Das Gehirn verfügt über vier verschiedene Stresszustände: Fight (Kampf), Flight (Flucht), Freeze (Erstarren), Fawn (Verhandeln, Beschwichtigen, Binden). Je nach Einschätzung der Gefahr löst es eine der vier Stressreaktionen aus.

• • • ● • ● • • •

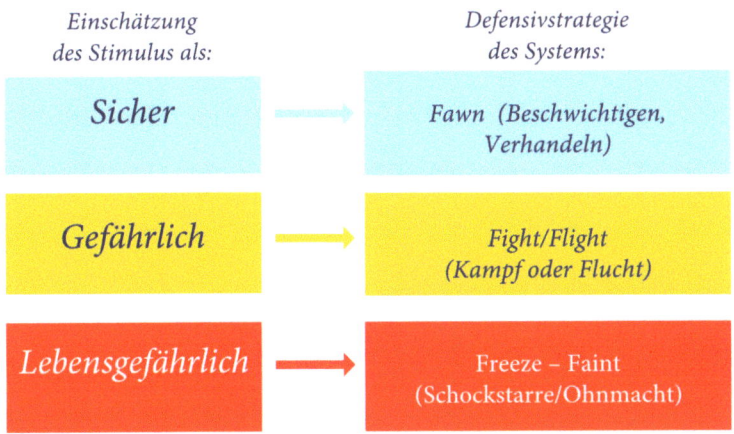

Abbildung 6: Das Gehirn verfügt über vier verschiedene Stresszustände: Fight (Kampf), Flight (Flucht), Freeze (Erstarren), Fawn (Verhandeln, Beschwichtigen, Binden). Je nach Einschätzung der Gefahr löst es eine der vier Stressreaktionen aus.

Die chronische Manipulation mit Schuld- und Schamgefühlen wurde bereits im letzten Kapitel als Zeichen der Sündenbockrolle dargestellt. Hier möchte ich die daraus resultierende Persönlichkeitsbildung darstellen: Co-Abhängigkeit.

Der chronische Freeze-Zustand verhindert eine angemessene Persönlichkeitsentwicklung. Wichtig ist, dass die Methoden, mit denen der Sündenbock zum Sündenbock gemacht wird, nicht nur psychologisch, sondern auch biologisch sehr, sehr wirksam sind. Ein Kind kann dem praktisch nichts entgegensetzen.

Der Sündenbock kann nicht fliehen, wenn er angegriffen wird, und es gibt keine Möglichkeit, sich zu wehren. In dieser Situation reagiert unser Nervensystem mit einer Stressreaktion, die auch als "Freeze" bezeichnet wird.

Die typischen Reaktionsformen des Sündenbocks sind Freeze und als zweite Reaktionsform Fawn. Das ist typisch, muss aber nicht bei allen Sündenböcken so sein.

· · · ● · ● · ● · · ·

Kampf (Fight)

Der Kampf- oder "Fight"-Zustand ist eine Aktivierungsreaktion des autonomen Nervensystems (ANS), bei der der Körper auf eine Bedrohung mit aktiver Abwehr oder Verteidigung reagiert.

Eine Möglichkeit, die ich habe, wenn der Säbelzahntiger evolutionär gesehen mich angreift, ist, einen Stein aufzuheben, einen Stein zu nehmen und seinen Schädel zu spalten. Und das ist ein Weg, um am Leben zu bleiben.

Bei einer Kampfreaktion wird die Aktivität des sympathischen Nervensystems, einer der Hauptkomponenten des ANS, erhöht, was zu einer Steigerung der Herzfrequenz, des Energieniveaus und der

Wachsamkeit führen kann. Diese Reaktion ermöglicht es dem Körper, sich aktiv gegen die Bedrohung zu verteidigen.

Die physische Form des Angriffs ist der körperliche Kampf, in welcher Form auch immer, die psychische Form ist der verbale Angriff, die Demütigung, die Abwertung, die verbale Verletzung.

Wie sieht diese Reaktion aus der Sicht eines Kindes aus? Die Kampfreaktion der Eltern wäre ein Wutanfall. Das Kind beginnt tatsächlich, offene Aggression zu zeigen, nicht passive Aggression, offene Aggression, um die Eltern zum Aufhören zu bringen.

In einem kindlichen Umfeld funktioniert das normalerweise nicht. Wenn man einen psychopathischen oder narzisstischen Elternteil hat, wird ihr Verhalten durch Wut noch verschlimmert. Aber das gilt nicht für alle Eltern.

Aggression auf dieser Ebene ist ein Weg, sich zu verteidigen und zu versuchen, zu überleben, egal was passiert. Manche Eltern haben Angst vor den Wutausbrüchen ihrer Kinder und versuchen, sie zu beruhigen. Zum Beispiel, indem sie selbst die Fawn-Reaktion zeigen.

Manchmal kann das Mittel "kindlicher Wutanfall" also sehr gut funktionieren. Menschen lernen dann mit der Zeit, dass sie andere Objekte in ihrer Umgebung in Schach halten können, wenn sie extrem aggressiv und konfrontativ sind.

Der Kampfteil ist aber auch die Suizidkarte und die Fähigkeit, sich selbst zu verletzen. Wenn Substanzen und Essstörungen versagen, gibt es eine letzte Möglichkeit. Wenn nichts anderes funktioniert, gibt es immer noch den Selbstmord.

Aber darüber hinaus ist der Kampfteil der einzige Teil, der mit der Aggressionsfähigkeit verbunden ist. Der Kampfteil kann also auch den Körper verletzen, kann verbrennen, den Kopf einschlagen, schneiden, und das bringt auch sofortige Erleichterung.

Der Kampfteil ist entsprechend der Sympathikusaktivität hypervigilant. Er sorgt auch für Misstrauen, es ist der Teil der die Aggressivität für chronischen Protest liefert.

Die Grundannahme ist, dass Gewalt gegen sich selbst oder aggressives Verhalten gegen andere keine absichtlichen Bestrafungen sind. Sie sind automatische, instinktive, posttraumatische Reaktionen, die durch Auslöser stimuliert werden.

· · · ● · ● · · ·

Flucht (Flight)

Die Fluchtreaktion ist wiederum ziemlich selbsterklärend. Ich sehe vielleicht ein Raubtier in der Nähe und fliehe. Das gleiche gilt auf einer symbolischen Ebene für die menschliche Interaktion. Es ist wie eine Flucht vor einer Gefahr.

Wie auch immer man der Gefahr entkommen und einen sicheren Ort finden kann.

Die Fluchtreaktion ist eine weitere der drei Hauptreaktionen des autonomen Nervensystems (ANS) auf wahrgenommene Bedrohungen. Die Fluchtreaktion ist eine Aktivierungsreaktion des ANS, bei der der Körper auf eine Bedrohung mit Flucht oder Rückzug reagiert. Die Fluchtreaktion erhöht die Aktivität des sympathischen Nervensystems, einer der Hauptkomponenten des ANS, was zu einer Erhöhung der Herzfrequenz, des Energieniveaus und der Wachsamkeit führen kann.

Also auch bei dieser Reaktion kommt es zu einer erhöhten Sympathikus-Aktivität.

· • • ● • ● • • · ·

Diese Reaktion ermöglicht es dem Körper, sich aktiv von der Bedrohung zu entfernen und Schutz zu suchen. Dies ist die körperliche Form der Flucht. Die psychologische Form der Flucht ist z.B. die Prokrastination, bei der eine Aufgabe lange Zeit vermieden wird.

In Beziehungen wird "nicht darüber geredet" und einer der Partner zieht sich ständig zurück oder macht in der Kommunikation ein steinernes Gesicht. Es wird "jetzt nicht" diskutiert.

Den Fluchtteil kann man auch den "Sex, Drogen und Rock'n'Roll"-Teil nennen. Es gibt viele verschiedene Wege, um der Realität zu entkommen, zum Beispiel durch promiskuitives Verhalten. Promiskuität wird oft als problematisches Verhalten angesehen, ist aber eigentlich häufig ein Fluchtweg. Es ist eine Möglichkeit, sich besonders zu fühlen, eine Verbindung zu suchen oder einfach Erleichterung zu finden.

Der Fluchtteil ist es, der für jede Form von Sucht zuständig ist. Praktisch alle Formen von Sucht gehören in der einen oder anderen Weise zum Fluchtaspekt.

$$\bullet \; \bullet \; \bullet \; \bullet \; \bullet \; \bullet \; \bullet \; \bullet \; \bullet \; \bullet$$

Kampf oder Flucht sind also beides Reaktionen, die mit einem Gefühl von Energie einhergehen, sei es Wut oder Aggression (Kampf) oder Angst (Flucht). Auch wenn diese Gefühle nicht angenehm sind, vermitteln sie doch ein gewisses Gefühl von Lebendigkeit.

$$\bullet \; \bullet \; \bullet \; \bullet \; \bullet \; \bullet \; \bullet \; \bullet \; \bullet \; \bullet$$

Freeze

"Freeze-Zustand" ist die Bezeichnung für eine Reaktion des autonomen Nervensystems (ANS) auf eine wahrgenommene Bedrohung, bei der das System in einen Zustand der Starre oder Erstarrung versetzt wird.

Der Freeze-Zustand tritt ein, wenn das Gehirn die Mobilisierung und die soziale Bindung als unzureichende oder ineffektive Reaktionen auf eine Bedrohung wahrnimmt. Das heißt, wenn das Gehirn die Situation als hoffnungslos einschätzt und das autonome Nervensystem (ANS) entsprechend beeinflusst.

Ursprünglich bedeutete dies: Das Raubtier hat uns erwischt.

In aussichtslosen Situationen kann das Gehirn über das ANS den Körper in einen Zustand der Starre versetzen, um sich vor der Bedrohung zu schützen. In der Natur ist diese Reaktion ein letzter Ausweg.

Diese Stressreaktion wurde evolutionär gesehen von den Reptilien entwickelt, man denke nur an die Schildkröte, die sich bei Gefahr in ihren Panzer zurückzieht. Bei den Säugetieren hat sich die Freeze-Reaktion zu einer Erstarrungsreaktion bei Gefahr entwickelt und beim Menschen gibt es den sogenannten funktionellen Freeze-Zustand, wenn man sich innerlich verzweifelt und erstarrt fühlt, aber - wenn auch eingeschränkt - funktionsfähig ist.

Freeze beim Menschen kann sich als Bewegungsstarre, Bewegungseinschränkung oder Blockierung der Sprache oder der sozialen Interaktion äußern.

Freeze ist nicht mit einem Gefühl von Lebendigkeit verbunden, sondern mit einem Gefühl von Scham und Hilflosigkeit. Scham ist die Emotion, die den Freeze-Zustand auslöst oder begleitet. Während Kampf oder Flucht dazu führen, dass mehr Energie zur Verfügung steht, führt Freeze dazu, dass weniger Energie mobilisiert werden kann. Das Verhalten wird gehemmt.

Wir wollen nicht von der Person entdeckt werden, die uns Schaden zufügen könnte. Das kann natürlich körperlich sein, aber auch emotional und sozial. Wir versuchen, uns davor zu schützen, verletzt zu werden, und das Abschalten, die Freeze-Reaktion, ist eine der Methoden, mit denen wir das tun.

Die Freeze-Reaktion geht wie gesagt mit chronischer Scham einher. Der Freeze-Zustand löst Scham aus. Scham löst den Freeze-Zustand aus. Wem es gelingt, jemanden chronisch in Angst und Scham zu versetzen, der kann den anderen in der Regel leicht kontrollieren. Das Ziel der Familie, die einen Scapegoat hervorbringt, ist es, ihn in den Freeze-Zustand zu versetzen - eine Stressreaktion, die ihn chronisch lähmt und entmutigt. Denn, wie gesagt, im Freeze-Zustand sind Menschen am leichtesten zu kontrollieren.

Der Scapegoat beginnt also, Verhaltensweisen an den Tag zu legen, die ihn retten. Er ist chronisch dissoziiert, d.h. mit der Zeit spürt er seine Gefühle nicht mehr und beginnt, die Misshandlungen als normal anzusehen. Er ist nicht mehr in der Lage, für seine Rechte zu kämpfen, was die Familie dringend braucht, um ihn in der Rolle des Sündenbocks zu halten. Vor allem aber entwickelt das Sündenbockkind mit hoher Wahrscheinlichkeit eine Persönlichkeit, die auch als "Co-Abhängigkeit" bezeichnet wird.

Dafür nutzt er sehr ausführlich die Stressreaktion des "Fawn".

• • • ● • ● • ● • •

Fawn

Die "Fawn"-Reaktion ist eine weitere der vier Hauptreaktionen des ANS auf Bedrohung und wird oft als vierte Reaktion neben "Fight" (Kampf), "Flight" (Flucht) und "Freeze" (Erstarren) angesehen. Die Reaktion "Fawn" bezieht sich auf das Verhalten von Personen, die in Stress- oder Bedrohungssituationen dazu neigen, sich anzupassen, sich unterzuordnen oder zu beschwichtigen, um die Bedrohung zu vermeiden oder abzuschwächen.

Dieses Verhalten kann in Form von übertriebener Anpassung, dem Wunsch, anderen zu gefallen, sich selbst klein zu machen oder die Bedürfnisse und Wünsche anderer über die eigenen zu stellen, auftreten.

Fawn bedeutet, etwas zu geben, damit die Raubtiere einen in Ruhe lassen. Der Säbelzahntiger kommt zu mir und ich will nicht wirklich sterben, aber er hat Hunger. Ich weiß, ich gebe ihm ein Eichhörnchen und hoffe, dass er es frisst und ich weglaufen kann. So reagiert ein Rehkitz. Es beginnt mit dem Raubtier zu verhandeln und versucht, etwas abzugeben.

In menschlicher Form, angewandt auf ein Kind mit einem missbrauchenden Elternteil, wird das Kind versuchen, etwas zu tun, damit die Eltern aufhören. Vielleicht bringt es die Eltern zum Lachen. Vielleicht bringt es den Elternteil dazu, sich auf eine andere Person in seiner Umgebung zu konzentrieren. Vielleicht wird sogar eine emotionale Reaktion vorgetäuscht, um Mitleid zu erregen.

Die Fawn-Reaktion ist eine ziemlich schlechte Reaktion, die ein Kind lernen sollte, weil sie es emotional extrem manipulierend macht. Zum Beispiel lügen diese Personen sehr oft, verdrehen die Tatsachen, sagen ja, wenn sie nein meinen, etc.

Die Fawn-Reaktion wird als adaptive Strategie zur Bewältigung von Bedrohungen angesehen, indem versucht wird, sozialen Stress zu reduzieren oder Konflikte zu vermeiden. Das tut sie unter anderem durch das eingehen von Bindungen. Sie kann jedoch auch zu Problemen führen, da sie oft ein Zeichen von Selbstverleugnung und mangelnder Selbstfürsorge ist und zu einem Ungleichgewicht in Beziehungen führen kann.

Fawn ist auch eher ein Zeichen von Energieverlust als von Energiemobilisierung. Fawn ist auch ein Zeichen der Unterwerfung, d.h. der Vorherrschaft der Scham über den Stolz.

Fawn bedeutet auch häufig, dass die Betroffenen annehmen, wenn sie immer brav und angepasst sind, werden ihre Bedürfnisse gesehen und erfüllt – quasi als Belohnung für erwünschtes Verhalten. Ich muss nicht um Urlaub bitten (was bedeuten würde, ich stehe für mich selbst ein), mein Chef *muss doch sehen*, dass ich ihn brauche.

• • • ● • ● • • •

Fawn ist also die Anpassungsreaktion, bei der nach außen hin ein gefälliges (aber häufig manipulatives) Verhalten gezeigt wird und bei der versucht wird, denn anderen mittels Schmeicheleien, nach dem Mund reden, eventuell Lügen dazu zu bringen, die eigenen Bedürfnisse zu erfüllen.

• • • ● • ● • • •

Sündenbock und Co-Abhängigkeit

Ich definiere Co-Abhängigkeit als einen Zustand, in dem eine Person emotional von einer anderen Person abhängig ist oder zu sein glaubt. Der Sündenbock, von dem man weiß, dass er nichts richtig machen kann, beginnt sich im Rahmen seiner Sündenbock-Identität als defizitär wahrzunehmen, verhält sich entsprechend und wird dann von der Person, die ihn misshandelt, abhängig.

Der Begriff "Co-Abhängigkeit" stammt aus Beobachtungen in Alkoholikerfamilien. Dort ist ein Partner Alkoholiker und der andere Partner opfert sich für ihn auf. Er unterstützt damit den alkoholabhängigen Partner in seiner Sucht. Der abhängige Partner hat keinen Grund mehr, an seiner Sucht zu arbeiten. Doch dann entdeckte man, dass es dieses Beziehungsmuster auch in anderen Familien gibt.

Co-Abhängigkeit ist ein Beziehungsmuster, das uns helfen soll, uns selbst zu schützen und sicher zu bleiben. Den meisten von uns ist nicht bewusst, dass es sich eigentlich um eine sehr anpassungsfähige Reihe von Beziehungsreaktionen handelt, die uns in der Kindheit geholfen haben, die Kindheit zu überstehen.

Co-Abhängigkeit ist ein Muster, das dadurch gekennzeichnet ist, dass wir es anderen recht machen wollen. Es zeigt sich vor allem darin, dass das Wohlbefinden, die Erzählung, die Erfahrung, die Gefühle, die Bedürfnisse und die Grenzen einer anderen Person oder eines anderen Kontextes Vorrang haben.

Co-Abhängigkeit ist eine Form von Abhängigkeit. Es geht darum, Funktionen an eine andere Person auszulagern, die die Quelle des Selbstwertgefühls sein kann. Das Bedürfnis nach Anerkennung und das Bedürfnis, gebraucht zu werden. Es ist eine Externalisierung des Selbstwertgefühls. Wenn diese Person mich mag, bin ich wertvoll. Wenn diese Person mich mag, bin ich wertvoll. Wenn nicht, bin ich es nicht. Es gibt also bereits eine Form der Abhängigkeit, die Abhängigkeit vom Selbstwert.

Eine andere Form der Abhängigkeit ist die Abhängigkeit vom Urteil. Es gibt Menschen, die wirklich Schwierigkeiten haben, sich selbst zu vertrauen. Sie vertrauen sich selbst nicht. Punkt. Du glaubst nicht, dass deine Entscheidungen in Deinem besten Interesse sind. Man vertraut anderen mehr als sich selbst.

• • • ● • ● • • •

Co-Abhängige lagern Funktionen aus, die wir brauchen, um unabhängig zu sein. Wir müssen in der Lage sein, bis zu einem gewissen Grad unabhängig zu arbeiten. Wir müssen uns auf unser eigenes Urteil verlassen können. Wir müssen in der Lage sein, uns von anderen missbilligen zu lassen, um authentisch zu bleiben. Wir dürfen uns nicht ständig kompromittieren.

Wir müssen in der Lage sein, Entscheidungen zu treffen, und zwar unsere eigenen Entscheidungen. Es ist auch in Ordnung, falsche Entscheidungen zu treffen. Es geht nicht darum, die richtigen

Entscheidungen zu treffen. Es geht darum, Entscheidungen zu treffen und wieder aufzustehen, wenn man hinfällt.

• • • ● • ● • • •

Co-Abhängigkeit bei Erwachsenen entsteht in der Regel, wenn bereits eine co-abhängige Beziehung zu den Eltern bestand. Eine Beziehung, in der vom Kind erwartet wurde, dass es die Vertrauensperson der Eltern ist. Oder den Elternteil zu unterstützen. Emotional für den Elternteil da zu sein.

Das Kind hat diese fürsorgliche Rolle übernommen und wurde dafür belohnt. Allerdings um den Preis der eigenen Fehlentwicklung, denn ein Kind kann emotional nicht das leisten, was in einer solchen Beziehung von ihm verlangt wird. Das ist zu viel. Und auf der anderen Seite: Wenn das Kind in Not war, waren die Eltern nie für es da. Sie haben es einfach nicht gesehen.

Diese Kinder haben gelernt: Ich werde nur geliebt, wenn ich etwas gebe. Das mussten sie lernen. Und das gebrauchen sie nun in ihren Beziehungen. Sie brauchen den anderen, der sie braucht, und zwar jetzt! Sonst denken sie, dass sie es nicht wert sind, dass der andere bleibt. Deshalb ist es sehr beängstigend, wenn die andere Person unabhängig wird.

Kinder haben ein Recht darauf, gesehen zu werden, und sie müssen auch gesehen werden, um sich zu authentischen Individuen zu entwickeln. Sündenbockkinder wurden von ihren Eltern nicht gesehen und später häufig auch nicht von ihrem Partner. Das hinterlässt eine tiefe Wunde. Und eine intensive Wut.

Die Wut wird unterdrückt. Das Kind hat keinen Raum, um seine Wut auf die Eltern zuzulassen. Weil der Elternteil das Kind nicht als Individuum mit seiner ganzen Gefühlspalette anerkennt, darf es nur so viel fühlen oder sein, wie die Eltern ertragen können.

Auf diese Weise entwickelt das Kind eine Abhängigkeit. Eine übertriebene Zuneigungsreaktion. Eine Gefälligkeitsreaktion. Diese Kinder wachsen nun auf und tun alles, um diese Verletzung zu vermeiden, sie tun alles, um Scham, Schmerz und unterdrückte Wut zu vermeiden. Und sie reparieren chronisch Beziehungen.

All das braucht eine Sündenbockfamilie.

• • • ● • ● • • •

Typische Glaubenssätze des Sündenbocks

Wenn ein Kind als Sündenbock aufwächst, bildet es im Rahmen der Identität als Sündenbock typische negative Glaubenssätze. Die wichtigsten sind:

- Ich bin nicht gut genug.

- Ich gehöre nicht dazu.

- Ich zähle nicht.

- Ich werde nie gesund.

- Keine Heilmethode wirkt bei mir.

- Die Menschen hassen mich.

- Gott hasst mich.

- Die Welt ist gegen mich.

- Ich kann es niemandem recht machen.

• • • ● • ● • • •

- Ich bin minderwertig.

- Andere sind besser als ich.

- Ich bin nicht liebenswert.

- Ich kann es einfach nicht.

- Ich verdiene es nicht, hier zu sein.

- Ich verdiene es zu leiden.

- Ich verdiene es, bestraft zu werden.

- Ich muss etwas Schlimmes getan haben.

- Ich bin das Werk des Teufels.

• • • ● ●• ● ● • • •

Viele der oben genannten Überzeugungen sind im Grunde vernünftige Erklärungen - in dem Kontext, in dem sie entstanden sind.

Diese Überzeugungen werden also in der Kindheit gebildet, sind also sehr tief verwurzelt, meist sehr unbewusst. Bewusst werden oft nur die Symptome.

Wenn der Sündenbock dann die Familie verlässt, sind diese Überzeugungen meist unbewusst geworden. Diese Überzeugungen bestimmen nun sein berufliches, soziales und emotionales Leben.

Das Problem ist, dass diese Überzeugungen das Kind zu Verhaltensweisen motiviert haben, die ihm Sicherheit in einem dysfunktionalen System gegeben haben. Das macht es so schwer, sie später aufzugeben, wenn sie längst überholt sind.

• • • • ● • ● • • •

Der Sündenbock und das Geld

Sündenböcke haben sehr oft Schwierigkeiten mit Geld. Sehr oft haben sie massive Angst vor Geld. Menschen, die in dysfunktionalen Familien zu Sündenböcken gemacht werden, haben oft Angst und ein verzerrtes Verhältnis zu den finanziellen Ressourcen, die in der Familie missbraucht werden.

Die Überzeugungen des Sündenbocks in Bezug auf Geld stehen in direktem Zusammenhang mit der Art und Weise, wie Geld in der Familie zur Kontrolle und Manipulation eingesetzt wurde.

Sehr oft leidet der Sündenbock unter einem Geldtrauma, denn Geld bedeutet Freiheit, Unabhängigkeit und Wahlmöglichkeiten. Diese drei Dinge sind für uns besonders wichtig, wenn wir in der Familie die Rolle des Sündenbocks gespielt haben, denn das Ziel des Familienkults ist es, den Sündenbock zu vernichten, ihn zu isolieren, ohne Verbündete, ohne Ressourcen, und ihn im Elend zurückzulassen.

• • • ● • ● ● • • •

Geld als Mittel der Kontrolle

In Sündenbock-Familien wird Geld, wenn überhaupt vorhanden, dazu verwendet, den Sündenbock unter Kontrolle zu halten. Um ihn um jeden Preis in der Rolle des Sündenbocks zu halten. Der andere Grund ist, dass der Sündenbock in einer Sündenbock-Familie lernt, Geld als Gefahr zu sehen.

Wie bereits mehrfach erwähnt, geht es in diesen Familien um Macht und Kontrolle, und Geld ist bekanntlich das wichtigste Kontrollinstrument unter Menschen. Es kommt häufig vor, dass Eltern finanzielle Mittel einsetzen, um Kontrolle auszuüben, was die betroffenen Familienmitglieder einschränkt. Dabei kann es sich um eine Mischung aus Belohnung und Bestrafung handeln, mit dem Versprechen auf zukünftige finanzielle Unterstützung.

Als Teenager hatte ich zwei Jahre lang keinen Wintermantel (bei Eltern, die damals Multimillionäre waren). Der Grund: Wenn mein Vater meiner Mutter Geld für einen Wintermantel gab, gab sie es für sich und ihren Liebhaber aus und log ihn an, ich hätte schon einen Wintermantel, ich würde nur aus Eitelkeit lügen. Er ließ sich überzeugen.

Nach zwei Jahren wirklicher Kälte, sowohl im übertragenen als auch im tatsächlichen Sinne, wurde ich körperlich krank und bekam Gelenkrheumatismus. Mein Vater kaufte mir einen Wintermantel und weinte in der Öffentlichkeit, im Geschäft beim Bezahlen. Zu Hause saßen wir nach dem Einkauf zusammen am Tisch, er zupfte sich verzweifelt an den Augenbrauen und sagte: "Aber jetzt darfst Du nie wieder sagen, dass wir Dich schlecht behandeln.

Wenn eine Familie einen Sündenbock hat, der missbraucht wird, ist oft ein Elternteil die treibende Kraft. Ziel dieses Elternteils ist es, seinen über Jahre aufgebauten guten Ruf in der Öffentlichkeit und in der Gesellschaft zu erhalten. Deshalb ist es für sie besonders wichtig, den Missbrauch, der hinter verschlossenen Türen stattfindet, geheim zu halten.

Manchmal versuchen Eltern, ihre "Leichen im Keller" zu verstecken, indem sie den Sündenbock der Familie finanziell entschädigen. Dies wird als eine Art stillschweigender Vertrag angesehen. Obwohl dieser Vertrag nie klar formuliert wird, binden die Eltern den Sündenbock daran, ohne dass dieser es weiß oder dem zustimmen kann.

Der Inhalt dieses unausgesprochenen Vertrags lautet im Wesentlichen: "Ich gebe Dir Geld, und im Gegenzug erwarte ich, dass

Du die Familiengeheimnisse bewahrst und den Missbrauch, der in der Familie stattfindet, nicht enthüllst".

Das Ziel dieser Eltern ist es, keine Verantwortung für ihr Verhalten zu übernehmen und weiterhin so zu handeln, wie sie es gewohnt sind. Sie wollen ungestört ihr Leben leben und von der Gesellschaft als gute Eltern angesehen werden, so wie sie es immer waren und wahrscheinlich auch bleiben werden. Sie setzen darauf, dass die Gesellschaft bestimmte Probleme übersieht und nutzen Ablenkungsmanöver, um sich in der Öffentlichkeit positiv darzustellen.

Durch ihr Charisma gelingt es ihnen, in der Öffentlichkeit einen guten Eindruck zu hinterlassen und negative Aspekte ihres Verhaltens zu überdecken. Im privaten Umfeld zeigen sie jedoch ein anderes Verhalten, indem sie ihre ungelösten Probleme auf eine verletzliche Person übertragen und sich verantwortungslos verhalten.

· · · ● · ● · ● · · ·

Wenn wir aus einem extremen Umfeld kommen, neigen wir oft dazu, Geld mit negativen Erfahrungen in Verbindung zu bringen, obwohl es an sich eine neutrale Ressource ist.

In dysfunktionalen Familien gibt es oft keine klaren Spielregeln für den Umgang mit Geld. Wenn man in der Jugend Geld oder Arbeit hatte, können die Botschaften aus der Familie negativ gewesen sein, wie zum Beispiel: "Du bist egoistisch" oder "Du bist nur auf Geld fixiert".

Dies kann mit Scham und Kritik verbunden sein, und die Angst, Geld auszugeben oder nicht genug zu verdienen, kann tief verwurzelt sein.

Wenn man jedoch kein Geld hat, kann die dysfunktionale Familie die Botschaft vermitteln, dass man ein Versager ist oder es nie zu etwas bringen wird. Solche negativen Überzeugungen können sehr belastend sein. Um unsere Beziehung zum Geld zu heilen, müssen wir all diese Überzeugungen und Schichten aufdecken.

DIE BEZIEHUNG ZU DEN GESCHWISTERN

Die Rolle des Sündenbocks hat für die Geschwister einen enormen Vorteil, der sehr oft, nicht immer, aber sehr oft dazu führt, dass sie den Eltern helfen, den Sündenbock als Sündenbock zu erhalten.

Wie alle Kinder wollen auch die Geschwister des Sündenbocks im Grunde sicher aufwachsen, sie wollen später ihr Leben leben, also helfen sie den Eltern, auf ein Kind zu zeigen und zu sagen: "Eigentlich sind wir eine sehr glückliche und gesunde Familie ohne Probleme. Es gibt nur eine Person da drüben, die Schwierigkeiten macht. Das da drüben ist der Verrückte, der Böse. Aber uns hier im inneren Kreis geht es gut. Das Problem ist der andere".

• • • ● • ● • ● • •

Es ist ein falsches Narrativ, das geschaffen wurde, um allen Familienmitgliedern die Möglichkeit zu geben, dem Sündenbock die "Schuld" für die Dysfunktionalität des Systems zuzuschieben.

• • • ● ● ● ● • • •

Eine weitere Methode der Ausgrenzung und Ablehnung des Sündenbocks ist die Triangulation zwischen den Geschwistern. Diese werden manipuliert und gegen den Sündenbock aufgehetzt, um ihn zu isolieren.

Triangulierung: Person A geht ein Bündnis mit Person C ein, mit dem Ziel, die Beziehung zwischen C und B zu spalten!

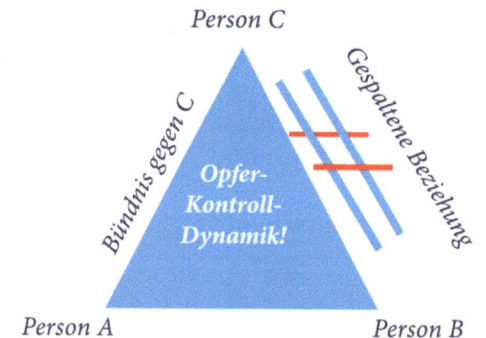

Abbildung 7: Ein wichtiges Herrschaftsinstrument in Sündenbockfamilien ist die Triangulation der Geschwister.

• • • ● ● ● ● • • •

Der Sündenbock darf keine Verbündeten haben, denn wenn er Unterstützung hätte und gleichzeitig intelligent wäre - was oft der Fall ist - könnte er ein Netzwerk aufbauen und Hilfe bekommen. Das dysfunktionale Familiensystem profitiert davon, den Sündenbock zu ächten und dafür zu sorgen, dass sein Umfeld, seine potentiellen Unterstützer, einer Gehirnwäsche unterzogen werden und sich gegen ihn wenden. Dies dient der Aufrechterhaltung der familiären Dysfunktion.

Die Familie, insbesondere die Elterngeneration, will sich nicht mit ihren eigenen Fehlern und Traumata auseinandersetzen. Sie wollen nicht zur Verantwortung gezogen werden und sich nicht mit dem Schmerz auseinandersetzen, der sich oft über Generationen hinzieht. Stattdessen schieben sie alles auf den Sündenbock, um in ihrer gewohnten, aber ungesunden Routine weiterzumachen. Der Sündenbock wird aus dem Testament gestrichen. Die Geschwister sprechen nicht mehr mit dem verstoßenen Kind.

· • ● ◉ ● ● ● • ·

Geschwister als "Flying Monkeys"

Wenn wir also einen narzisstischen Elternteil haben oder einen Elternteil mit narzisstischer Abwehr, der einen Sündenbock braucht, dann haben wir sehr oft "Flying Monkeys" als Geschwister.

Was ist ein Flying Monkey? Der Begriff "Flying Monkey" stammt ursprünglich aus dem Roman "Der Zauberer von Oz" von L. Frank Baum, wo er sich auf die fliegenden Affen bezieht, die der bösen Hexe dienen. Im heutigen Sprachgebrauch, insbesondere im psychologischen oder sozialen Kontext, wird der Begriff jedoch verwendet, um eine Person zu beschreiben, die sich von einer narzisstischen oder manipulativen Person einspannen lässt, um deren bösartige Absichten zu unterstützen.

Ein "Flying Monkey" (Fliegender Affe) handelt oft unwissentlich oder aus Loyalität gegenüber der manipulierenden Person und übernimmt deren Aufgaben, wie z.B. das Ausspionieren, Manipulieren anderer oder das Verbreiten von Lügen. Solche Personen stehen unter dem Einfluss der narzisstischen Person und tragen indirekt dazu bei, deren Kontrolle und Macht zu festigen.

• • • ● • ● • • •

"Flying Monkey" ist eine Metapher für Menschen, die im Dienste eines Narzissten handeln, oft ohne sich der negativen Dynamik voll bewusst zu sein.

Narzisstische und dysfunktionale Eltern tun alles, um ihre Kinder gegeneinander auszuspielen, insbesondere das Sündenbockkind gegen seine Geschwister. Es ist traurig, aber es wird alles getan, damit die Geschwister nicht miteinander auskommen.

Die Intrige findet immer hinter verschlossenen Türen statt. Hinter verschlossenen Türen redet der triangulierende Elternteil schlecht über das andere Kind. Dies führt letztendlich dazu, dass das Kind, das zum "Flying Monkey" gemacht wird, die Möglichkeit hat, sich an die narzisstische Mutter (und/oder den Vater) zu binden und bei diesem Elternteil die notwendige Bestätigung zu suchen.

Die Bindung, die das Kind natürlich zu seinen Eltern braucht, wird dadurch verstärkt. Und das Kind, das auf diese Weise missbraucht und zum "Flying Monkey" gemacht wird, merkt nicht, was geschieht.

Gleichzeitig gibt es in der Familie ein Kind, das zum Sündenbock gemacht wird, das nicht nur von dem betroffenen Elternteil, sondern auch von den anderen Geschwistern ausgeschlossen wird. Denn wer will sich schon mit dem großen bösen Wolf anlegen?

• • • • ● • ● • • •

Niemand. Jeder möchte in der Gesellschaft und in der Gunst des großen bösen Wolfes stehen, außer der Person, die von der Familie geoutet wurde, außer dem Sündenbock, der als das Problem identifiziert wurde. Das als Problemkind identifizierte Kind ist also das Kind, auf das nicht nur die Eltern, sondern die gesamte dysfunktionale Familie ihre Dysfunktionalität projiziert.

Das Kind, das emotional ehrlich ist, das Kind, das an einer Sucht leidet, das Kind, das an einer Essstörung leidet, vielleicht das Kind, das Probleme hat, alle starren auf dieses Kind, das Probleme hat.

· ● ● ● ● ● ● ● ● ·

Bei sexuellem Missbrauch, wenn er bewiesen ist, werden die Geschwister nicht sagen: "Hör auf, das Opfer zu spielen". Wenn aber "nur" die Gefühle systematisch verletzt werden, ist das in Ordnung. Das Sündenbockkind bekommt nirgendwo Unterstützung. Es ist besser, wenn ich nicht in der Schusslinie stehe, das ist das Motiv dahinter.

Wir müssen also erwachsen werden und verstehen, dass Menschen, die emotionale Schmerzen haben und darüber sprechen, wie sie sich fühlen, nicht das Opfer spielen. Aber "Flying Monkeys" als Geschwister helfen den Eltern, den realen emotionalen Schmerz des Sündenbockkindes als nicht real zu erklären.

· ● ● ● ● ● ● ● ● ·

Die Geschwister in einer narzisstischen Familie sind die "Flying Monkey". Und in der Regel bleiben sie in dieser Rolle.

Die Beziehung zu deinen Geschwistern ist für das Sündenbockkind schwierig. Vielleicht hast Du keine gleichberechtigte oder unterstützende Beziehung zu ihnen. Stattdessen könnte eines Deiner Geschwister das "goldene Kind" sein - das genaue Gegenteil eines Sündenbocks.

Doch auch das Goldkind hat seine Probleme. Es wird nicht wirklich geliebt, und die Anerkennung, die es erhält, ist oft nur eine Projektion der vermeintlich guten Eigenschaften des narzisstischen Elternteils. Das Goldkind wird anders gebraucht und ist vielleicht mehr darauf angewiesen, etwas zu erreichen, als sich selbst zu sabotieren. Auch wenn es vielleicht besser aussieht, hat es seine eigenen Schwierigkeiten.

Schließlich neigen Geschwister dazu, das Verhalten der Eltern nachzuahmen. Jedes Kind tut das, es ist noch nicht in der Lage, das Verhalten der Eltern kritisch zu hinterfragen.

• • • ● • ● • • •

Und oft haben die Geschwister in diesen Familien Angst, dass sie die Nächsten sind. Also wollen sie dich zum Sündenbock machen, und das passiert oft unbewusst. Sie wissen gar nicht, dass sie das tun, es ist einfach so, wie es immer war. Aber sie sorgen dafür, dass Du in dieser Sündenbockrolle bleibst, indem sie zum Missbrauch beitragen, weil ein Teil von ihnen weiß, dass sie oder einer von ihnen diese Rolle übernehmen wird, wenn Du rauskommst.

Sie können und wollen es vielleicht nicht explizit sagen, aber tief in ihrem Inneren wissen sie, dass sie die Nächsten sein werden, wenn der Sündenbock geht und sich selbst heilt. Denn jemand muss der Sündenbock sein, damit das Familiensystem überleben kann.

Wenn also ein erwachsener Sündenbock die Familie verlässt, um sich selbst zu heilen, was oft notwendig ist, sei es für immer oder für eine kurze Zeit ohne Kontakt, um sich von der Sündenbockrolle zu heilen, weil sie so allumfassend ist, wird das System jemand anderen in diese Sündenbockrolle stecken.

Mythen zur Geschwisterbeziehung

Es gibt weit verbreitete Mythen über Geschwister, die ich aufklären möchte. Zuerst werde ich die drei Mythen benennen und dann näher auf sie eingehen.

Der erste Mythos ist, dass Geschwister unabhängig von ihren Eltern handeln und denken. Der zweite Mythos ist, dass "die Zeit alle Wunden heilt", was bedeutet, dass sich mit der Zeit alles von selbst regeln wird. Der dritte Mythos besagt, dass sich die Beziehungen zwischen den Geschwistern verbessern werden, sobald die Eltern nicht mehr da sind, und dass dann eine Art Erleuchtung eintritt und alles wieder in Ordnung kommt.

• • • ● • ● • • •

Geschwister sind nicht unabhängig von den Eltern

Viele Menschen, die bereits viel für ihre persönliche Entwicklung und Heilung getan haben, kehren in ihre Familien zurück und glauben, dass sie nun in der Lage sind, alles zu bewältigen. Sie erwarten, dass die Familie gereift ist und es keine kindischen Spiele, grausame Witze oder Hänseleien mehr gibt. Vielleicht haben sich auch die

Geschwister weiterentwickelt oder sogar eigene Kinder bekommen, was die Hoffnung auf positive Veränderungen noch verstärkt.

Das Problem dieses Ansatzes ist, dass er die möglicherweise tiefgreifenden neuronalen Verknüpfungen und die Auswirkungen jahrelanger Manipulation in einem dysfunktionalen Familiensystem unterschätzt. Denke an die Zeit, die Du und deine Geschwister mit Eltern verbracht habt, die emotional instabil waren, denen es an Empathie mangelte und die allen Kindern viel Leid zugefügt haben, ohne bereit zu sein, ihr Verhalten zu ändern.

· · • ● • ● • ● • ·

Die Zeit heilt nicht alle Wunden

Die Vorstellung, dass die Zeit alle Wunden heilt, ist ein Mythos. In dysfunktionalen Familien heilt die Zeit nicht die emotionalen und psychologischen Wunden, die durch Ausgrenzung, Mobbing und Ablehnung verursacht wurden. Um diese Wunden zu heilen, ist eine gründliche Traumatherapie notwendig. Es ist wichtig zu überlegen, ob die Betroffenen bereits Unterstützung und Therapie suchen und was sich ändern kann, wenn dies nicht der Fall ist. Zeit allein wird tief verwurzelte Verhaltensmuster und neuronale Bahnen nicht verändern.

Kinder aus belasteten Familien brauchen eine intensive, tiefgreifende und wirksame Therapie durch Fachleute, die sich mit narzisstischem

Missbrauch und toxischen Beziehungen auskennen. Nicht alle Kinder erhalten eine solche Therapie oder suchen sich unseriöse therapeutische Angebote, die sie in ihrer Rolle als "goldenes" oder auch "übersehenes" Kind bestärken und die Eltern im Rahmen von Spiritualität oder Religion von der jahrelangen Misshandlung des Sündenbockkindes freisprechen.

• • • ● • ● • • •

Es wird häufig nicht besser, wenn die Eltern sterben

Ein dritter Mythos, der dem zweiten ähnlich ist, aber eine eigene Betrachtung verdient, ist die Vorstellung, dass nach dem Tod der Eltern alles besser wird. Die Vorstellung, dass Geschwister nach dem Tod der Eltern in der Lage sind, gesunde Beziehungen aufzubauen und zu verstehen, was passiert ist, ist ebenfalls ein Mythos.

Nach dem Tod eines Elternteils kann sich die Situation sogar verschlechtern. Die Geschwister klammern sich vielleicht an die Hoffnung, dass sie endlich eine Beziehung zu den Nichten und Neffen aufbauen können oder dass sich die Geschwister für gesunde Beziehungen öffnen. Dies ist jedoch oft nicht der Fall, da die alten Muster und das manipulierte Verhalten der Eltern weiterhin die Dynamik beeinflussen können.

Die Geschwister setzen oft fort, was die Eltern begonnen haben, indem sie das Kind zum Sündenbock machen. Die Eltern haben sie in dieses Verhalten eingeführt und geprägt.

• • • ● • ● • • •

Fazit

Wenn die Eltern sterben, kannst Du plötzlich hoffen, dass deine Geschwister Mitleid mit dir haben und dass ein einziges Gespräch ausreicht, um alles zu klären. Vielleicht glaubst du, dass sie nach Jahrzehnten endlich ein Einsehen haben und sich in deine Lage versetzen können. Vielleicht ist das eine falsche Hoffnung.

Wenn ein Elternteil stirbt, bringt das die Familie nicht unbedingt zusammen, oft verschärfen sich die Konflikte sogar, weil die Familienrollen nun über Geld ausgetragen werden, wenn es auch um das Erbe geht.

• • • ● • ● • • •

Deshalb ist es wichtig, sich auf solche Situationen vorzubereiten und nicht blind hineinzustolpern. Als Sündenbock der Familie hast Du schon genug Gehirnwäsche, Manipulation und Ausbeutung erlebt. Als Erwachsener willst Du wissen, was wirklich los ist. Das wird schmerzhaft sein und dir das Herz brechen, aber es ist besser, die Wahrheit zu kennen, als von falschen Hoffnungen enttäuscht zu werden, die dich in der Zukunft noch mehr verletzen könnten.

• • • ◉ • ◉ • ◉ • • •

DIE HEILUNG DES SÜNDENBOCKS

Viele große Hollywoodfilme erzählen im Grunde die Geschichte der Rückkehr des Sündenbocks - in einer anderen Rolle. Die Lokomotive des 12-Uhr-Zuges pfeift, jemand steigt aus, spielt ein Lied auf der Mundharmonika, und die friedliche Kleinstadt weiß, dass die große, längst fällige Abrechnung beginnt.

Es ist eine große, schöne Familienfeier. Der älteste Sohn hält die Laudatio auf das Geburtstagskind, einen sechzigjährigen reichen Hotelier. Er hat uns sexuell missbraucht, sagt der Sohn vor allen Gästen, meine Zwillingsschwester und mich, meine Zwillingsschwester hat deshalb Selbstmord begangen. Am Ende des Films wird der Hotelier geächtet, aber bis dahin ist es noch ein weiter Weg.

Die Frau mit dem Schwert kehrt nach Jahren im Koma zurück und tötet ihre Peiniger, einen nach dem anderen.

Es ist immer die gleiche Geschichte. Das Verdrängte, das Andere, das Ausgegrenzte, der Schatten, das Gespenst kehrt zurück, und wer Josef Campbells Beschäftigung mit den Mythen dieser Welt kennt, weiß, dass dies das Ende der Heldenreise ist. Der Held kehrt immer zurück.

Immer. Symbolisch oder konkret.

• • • ● • ● • • •

Denn der Held ist der Schatten. Das ist die wahre Geschichte. Dem Schatten entkommt man nicht.

Es war grad noch so gemütlich hier, wir dachten, der Schatten ist weg, für immer weg, und jetzt geht die Hintertür auf und das Gespenst steht im Zimmer. Er war die ganze Zeit hinter uns, dieser Schatten, wir hatten so gut gelernt, ihn nicht mehr zu sehen, nicht mehr nach ihm zu fragen und zu glauben, wir seien im Recht.

• • • ● • ● • • •

Der erste und wichtigste Schritt zur Heilung des Sündenbocks beginnt damit, dass er seine Rolle im Familiensystem überhaupt versteht. Ein Buch wie dieses kann dabei helfen. Sehr oft ist aber eine fundierte Psychotherapie notwendig.

Wichtig ist: Die Rolle des Sündenbocks ist eine Identität. Das Selbst ist etwas anderes. Die Sündenbockrolle ist eine angenommene Identität, die in einem destruktiven und manipulativen Kontext entstanden ist.

Wenn es sich um eine Identität handelt, kann sie aufgelöst und mit der Zeit durch eine positivere, gesündere Identität ersetzt werden.

Die Erkenntnis, die den Sündenbock befreit, ist die, dass das Selbst nicht identisch ist mit der negativen (oder positiven) Identität, die es erschaffen und mit der es sich identifiziert hat.

Wenn die Sündenbockdynamik nicht nur individuell, sondern kollektiv geheilt werden soll, muss sie als solche erkannt werden - im familiären wie im politischen Kontext. Bis dahin ist es ein weiter Weg, der m.E. über die individuelle Rebellion und dann auch Heilung dieser Rolle führt.

Erst wenn genügend Sündenböcke ihre Rolle als Klebstoff für kranke Systeme erkennen und sich weigern, ihre Symptome weiterhin als Ausdruck ihrer individuellen Krankheit zu sehen, kann sich auch gesellschaftlich bzw. politisch etwas ändern.

Die Verlassenheitswunde

Eine der Herausforderungen, die ein Sündenbockkind zu bewältigen hat, ist der Verlust der Bindung zu den primären Bezugspersonen in der Kindheit. Diese Verletzung hat unser Nervensystem in einen Zustand der Anspannung versetzt und wir müssen die damit verbundenen Gefühle wie Angst, Schrecken, Verlust und Schmerz verarbeiten.

Dies hat erhebliche Auswirkungen auf uns, besonders wenn wir in der Familie die Rolle des Sündenbocks übernehmen. Oft versuchen wir, die Situation zu verstehen und Klarheit zu schaffen. Ich habe viele Jahre damit verbracht, eine Lösung zu finden und herauszufinden, was wirklich los ist. Leider hat sich herausgestellt, dass es ein ewiger Kreislauf ist. In einer dysfunktionalen Familie gibt es immer ein Sündenbockkind, und diese Dynamik kann sich endlos fortsetzen. Selbst nach dem Tod der Eltern wird dieses Muster oft an die nächste Generation weitergegeben.

Wenn der Sündenbock Heilung sucht, muss er irgendwann feststellen, dass die Konsequenzen, die er befürchtet hat, letztlich weniger schlimm sind als die, weiterhin als "der Schuldige" wahrgenommen zu werden.

$$\cdot \, \cdot \, \bullet \, \cdot \, \bullet \, \cdot \, \bullet \, \cdot \, \cdot$$

Die Übernahme dieser Rolle innerhalb einer sozialen Gruppe hat viele belastende Konsequenzen. Vor allem aber bietet sie weder Sicherheit noch echte Zuneigung.

Jemanden ständig als Verursacher von Problemen darzustellen und sich gleichzeitig als Retter zu präsentieren, mag wie Zuneigung wirken, ist aber keine echte Liebe. Vielmehr wird der Sündenbock benutzt, um das eigene Selbstbild zu stärken. Es ist kein Ausdruck von Liebe, sondern der Versuch, dem eigenen Schmerz auszuweichen.

Das Schwierigste für den Sündenbock ist die Erkenntnis, dass diese Menschen keine echte Zuneigung empfinden. Ihre Nähe ist nicht echt.

· · · ● · ● · · ·

Was tun, wenn es niemanden gibt, der uns unterstützt oder für uns eintritt?

Es ist eine Herausforderung, aber wir können unsere eigenen Cheerleader sein. Als Sündenbock in der Familie sind wir sehr widerstandsfähig und intelligent. Wir sind es gewohnt, auf uns allein gestellt zu sein und haben gelernt, wie einsame Wölfe zu handeln. Oft regeln wir Dinge selbst und finden Lösungen ohne Hilfe von außen.

Es ist wichtig, einerseits so autonom wie möglich zu bleiben, andererseits aber auch den Schmerz loszulassen, der mit der Rolle des Sündenbocks verbunden ist. Dazu gehören Verletzungen durch Verlassenwerden, Trauer und einschränkende Überzeugungen. Es ist wichtig, gesunde Beziehungen zu pflegen, da wir oft an ungesunde Beziehungsmuster aus unserer Herkunftsfamilie gewöhnt sind.

Es kann eine Weile dauern, bis wir umdenken und erkennen, dass nicht alle Menschen so sind. Nicht jeder wird uns so grausam behandeln, wie es unsere Eltern oder Geschwister getan haben.

Wir können anfangen, Beweise dafür zu sammeln, dass Menschen respektvoll und freundlich zu uns sind und uns nicht schaden wollen. Es gibt Menschen, die uns nicht ärgern oder auslachen wollen. Es ist wichtig, immer wieder Beweise dafür zu finden.

Wir sollten auch die einschränkenden Überzeugungen verstehen, die wir als Sündenböcke in der Familie entwickelt haben. Einige wurden bereits genannt, in Kapitel 5. Negative Überzeugungen sind Gedanken wie "Ich bin allein", "Ich bin unwichtig", "Ich bin unwürdig" oder "Niemand mag mich".

Diese Überzeugungen sind nicht wahr, aber unser Körper und jede Faser unseres Seins glauben, dass sie wahr sind. Es ist möglich, diese Überzeugungen aufzulösen. Da es tief eingeschliffene Gedankenmuster sind, nicht an einem Tag, aber mit ausreichender Eigenarbeit ist mindestens eine Besserung möglich.

• • • ⬤ • ⬤ • ⬤ • • •

Die Verantwortung des Sündenbocks

Ein Aspekt, der den Sündenbock in seiner Rolle gefangen hält, ist die vermeintliche Überlegenheit, die damit einhergeht. Das ist ein heikler Punkt. Als Sündenbock wird man für alles verantwortlich gemacht, was schief läuft, egal ob man etwas damit zu tun hat oder nicht. Man ist immer schuld, auch wenn man 1000 Kilometer entfernt ist und eine Tasse im Schrank umfällt, wird man dafür verantwortlich gemacht.

Der Sündenbock kann auf diese chronische Schuldzuweisung reagieren, indem er wirklich glaubt, verantwortlich zu sein. Es ist eine magische Vorstellung, dass man für die umgefallene Tasse verantwortlich ist, aber mit Hilfe schlecht ausgebildeter spiritueller Lehrer kann man sich einreden, dass man auf magische Weise dafür verantwortlich ist, weil man irgendwie schlechte Energie ausgestrahlt hat. Man ist also tatsächlich schuld - genau wie die Gruppe gesagt hat.

Die volle Verantwortung zu übernehmen kann ein Gefühl von Kontrolle und Sicherheit vermitteln. Solange man die Verantwortung trägt, hat man die Möglichkeit, die Wiedergutmachung zu steuern.

Ein häufiges Problem ist, dass viele Menschen im Laufe ihres Lebens gelernt haben, anderen keine Verantwortung zuzutrauen. Um sich sicher zu fühlen, neigen sie dazu, alles selbst zu machen, weil sie Angst haben, die Kontrolle zu verlieren.

$$\bullet \; \cdot \; \bullet \; \cdot \; \bullet \; \cdot \; \bullet \; \cdot \; \bullet \; \cdot \; \bullet$$

In dieser Situation kann es passieren, dass man Verantwortung für Dinge übernimmt, für die eigentlich andere zuständig sind. Ein Beispiel dafür sind Eltern, die mit ihren eigenen Bedürfnissen überfordert sind und ihre ungelösten Probleme auf ihre Kinder abwälzen.

Unabhängig von den eigenen Wünschen werden Frustrationen, Bedürfnisse und Erwartungen weitergegeben. Wenn niemand in der Familie bereit ist, Verantwortung zu übernehmen, bleibt am Ende oft nur die eigene Person, die die Last zu tragen hat.

$$\bullet \; \bullet \; \bullet \; \bullet \; \bullet \; \bullet \; \bullet \; \bullet \; \bullet \; \bullet$$

Letztlich geht es darum, genau zu prüfen, was wirklich in der eigenen Verantwortung liegt und was nicht. Oft besteht die Angst, dass man, wenn man die Schuld nicht auf sich nimmt, so wird wie die Menschen, die einem wehgetan haben. Man geht davon aus, dass man nur dann ein guter Mensch ist, wenn man die Last der Schuld auf sich nimmt. Aber das ist ein Missverständnis.

Echte Güte kann nur entstehen, wenn man Verantwortung für das übernimmt, was tatsächlich in seinem Einflussbereich liegt. Andernfalls ermutigt man andere, sich so zu verhalten wie diejenigen, die einem geschadet haben. Man erlaubt ihnen, ihr Fehlverhalten fortzusetzen, sich abzulenken und ungelöste Probleme zu ignorieren.

Dies kann dazu führen, dass sie sich und anderen weiterhin Schaden zufügen. Die Konsequenzen, vor denen man sich als Kind gefürchtet hat - verlassen zu werden oder verletzt zu werden - sind in Wirklichkeit erträglicher, als in der Rolle zu verharren, die Last anderer zu tragen und ständig als Schuldiger wahrgenommen zu werden.

• • • ● • ● ● • • •

Einschränkende Glaubenssätze

Die einschränkenden Glaubenssätze des Scapegoats, des Sündenbocks, von denen in diesem Buch die Rede ist, machen Angst. Aber alles ist besser, jeder Schmerz, der entsteht, wenn man sich mit diesen Glaubenssätzen auseinandersetzen muss, ist besser, als sie weiter mit sich herumzutragen.

Da so viele Therapeuten und Coaches die Sündenbockrolle nicht kennen und auch nicht thematisieren und unsere Symptome auch nicht entsprechend einordnen, kann sehr schnell der Eindruck entstehen, mir wird nie jemand bei meinen Problemen helfen.

Aber die Sündenbockdynamik wird immer bekannter, es gibt Menschen, die verstehen, wie sie funktioniert und die uns unterstützen können.

• • • ● • ● ● • • •

Je mehr Heilung wir in unser System integrieren, desto mehr werden wir auch in unserem äußeren Leben Beweise dafür sehen, dass sich unsere Lebenssituation verbessert. Wir werden erkennen, dass das Leben uns unterstützt und dass es Möglichkeiten gibt, die wir uns manchmal gar nicht vorstellen können, weil wir so stark von der dysfunktionalen Familie geprägt wurden. Wenn wir uns von diesen alten Denkmustern lösen, können wir positive Menschen und Gelegenheiten in unser Leben ziehen.

· · · ● · ● ● · · ·

Die Rolle des Sündenbocks - das ist das Schwierige an der Heilung - sicherte einst das Überleben des Kindes in einer schwer dysfunktionalen Familie.

Die Herausforderung für uns besteht darin, dass die Strategien, die wir in unserer Kindheit entwickelt haben, damals funktioniert haben. Aber jetzt, als Erwachsene, sind sie überholt. Das ist das Problem.

Aber unsere Überzeugungen sind immer noch da, tief in uns verankert, und die neuronalen Bahnen, die sie unterstützen, laufen automatisch ab. Niemand hat zu diesen einschränkenden Glaubenssätzen gesagt: "Hey, wusstest du, dass Du eigentlich nicht mehr gebraucht wirst? Warum lässt Du nicht einfach einen neuen, gesünderen neuronalen Pfad entstehen?" Das hört sich einfacher an, als es ist.

Es gibt viele Möglichkeiten, mit Glaubenssätzen zu arbeiten und neue Glaubenssätze zu etablieren. Visualisierung, Hypnose, NLP, Therapie.

• • • ● • ● • • •

Wichtig ist jedoch, dass der Sündenbock diese Glaubenssätze zuerst richtig einordnet. Es sind nicht seine persönlichen Probleme. Es sind die Probleme eines dysfunktionalen Systems.

Ein System, das nicht stabil gehalten werden konnte, ohne den Sündenbock erst zum Sündenbock zu machen und dann auszugrenzen. Diese Überzeugungen sind keine individuellen Probleme, auch wenn sie individuelle Auswirkungen haben.

• • • ● • ● • • •

Der wichtigste Schritt am Ende einer langen Helden- oder Heilungsreise ist die Rückkehr. Mit Rückkehr ist gemeint: die Veröffentlichung einer Erzählung, die die Taten des Täters benennt und den Sündenbock aus seiner Rolle als Sündenbock herausholt.

Der Moment der Disidentifikation, in dem der Sündenbock die Erzählung des Systems zurückweist.

Sei es symbolisch (wenn die Beteiligten bereits tot sind) oder konkret, aber der wahre Täter muss hören, dass er der wahre Täter ist. Der

Schatten muss benannt werden. Das wahre Problem muss auf den Tisch.

Die leise innere Stimme der wahren Authentizität, die wahre innere Stimme muss gehört und Stück für Stück wieder zum Leben erweckt werden. Und diese Stimme weiß oft, dass das, was das System erzählt, nicht stimmt.

Niemand darf sich davon abbringen lassen, weder im Namen der Religion noch im Namen der Vergebung, weder im Namen der Moral noch im Namen des Drucks des Systems.

• • • ● • ● • • •

Die Erzählung vom Sündenbock als dem eigentlichen "Täter" muss aufgelöst werden. Aufgelöst zugunsten einer Erzählung, in der der wahre, der faktische Täter als Täter benannt wird und seine Tat als Teil des Geschehens.

Wenn das Kind der Sündenbock war, müssen die Verantwortlichen benannt werden, und das sind die Eltern. Ohne Wenn und Aber.

Der Sündenbock muss den Prozess der Desidentifikation abschließen. Sonst bleibt er gefangen in der Erzählung eines Systems, das ihm nie gedient hat. Ein Narrativ, das immer dazu diente, die Probleme anderer zu vermeiden.

Ein gesundes Narrativ muss die Verantwortlichkeiten klar benennen.

• • • ● • ● • • •

QUELLENVERZEICHNIS

Abend, Sander M. "Reality testing as a clinical concept." *Psychoanalytic Quarterly, 51*, 1982: 218-238.

Abend, Sander M. "Unconscious fantasy and theories of cure." *Journal of the American Psychoanalytic Association, 27.*, 1979: 579-596.

Andersen, Hans Christian. *Die neuen Kleider des Kaisers. Acht Märchen.* Ditzingen bei Stuttgart: Reclam, 2021.

Bateson, Gregory. *Ökologie des Geistes. Anthropologische, psychologische und epistemologische Perspektiven.* Vols. Steps to an ecology of mind, 1972. Frankfurt am Main: Suhrkamp, 1990.

Baumeister, Roy F. *Vom Bösen. Warum es menschliche Grausamkeit gibt.* Vols. Evil. Inside Human Violence and Cruelty, 1997. Bern: Hans Huber, Hogrefe AG, 2013.

Baumeister, Roy, and John Tierney. *Die Macht der Disziplin. Wie wir unseren Willen trainieren können.* Translated by Jürgen Neubauer.

Vols. Willpower. Rediscovering the Greatest Human Strength, 2011. Frankfurt am Main: Campus Verlag GmbH, 2012.

Benson, Herbert. *The Relaxation Response.* New York, USA: William Morrow and Company, Inc., 1975.

Chiu, Titus, interview by Jodi Cohen. *Activating Your Body to Heal* USA, (2020).

Fisher, Janina, interview by Ruth Bucynski. *Interview zum Thema Scham* (2016).

Newberg, Andrew, and Mark Waldman. *Der Fingerabdruck Gottes. Wie religiöse und spirituelle Erfahrungen unser Gehirn verändern.* Vols. How God changes your Brain, 2009. München: Wilhelm Goldman Verlag, 2012.

—. *How Enlightenment Changes Your Brain: The New Science of Transformation.* USA: Avery, 2016.

Schwarzt, Dr. Richard, interview by Niall McKeever. *Internal Family Systems and Trauma* (2021).

Solms, Mark. *The Hidden Spring. A Journey to the Source of Consciousness.* Great Britain: Clays Ltd, Elcograf S.p.A., 2021.

—. *The Hidden Spring: Warum wir fühlen, was wir sind.* Vols. The Hidden Spring. A Journey to the Source of Consciousness, GB, 2021. Freiburg: J. G. Cotta'sche Buchhandlung Nnachfolger GmbH, gegr. 1659 ,Stuttgart, 203.

Symington, Neville. *Emotionales Handeln. Das Gemeinsame von Religion und Psychoanalyse.* Edited by 1994 Emotion and Spirit.

Questioning the Claims of Psychoanalysis and Religion. Göttingen: Steidl Verlag, 1997.

Waldman, Mark. *Neurowisdom-101.* USA, 2016.

Walker, Pete. *Complex PTSD: From Surviving to Thriving.* USA: Azure Coyote, 2013.

• • • ● • ● • • •

Alle Bücher von Inke Jochims, finden Sie auf dieser Seite:

Die Bücher von Inke Jochims

Stöbern und kaufen Sie hier

alle Bücher von Inke Jochims!

www.jochims-buecher.de

Alle Digital-Produkte von Inke Jochims, finden Sie auf dieser Seite:

Der Shop von Inke Jochims

https://www.myablefy.com/s/inke-jochims

Stöbern und kaufen Sie alle digitalen Produkte
von Inke Jochims

https://myablefy.com/